辻・本郷審理室
ダイレクトアシスト

ゼミナール
vol.1

事業承継納税猶予・
消費税納税義務の特例・
相続税の税務調査

辻・本郷 税理士法人 審理室 ／ 編著

TOHOSHOBO

はじめに

　日本の中小企業は、世界に誇る会社が数多くあります。しかし、高齢化が進む中で、後継者への承継が緊急課題となっています。そこで政府としても円滑な事業承継のため、思い切った施策を設けました。期間限定で自社株承継時の納税を猶予し、免除するものである。平成30年からの10年間で一気に世代交代を進めようという意図が今回の事業承継税制の「特例制度」に強く現れているといえるでしょう。今、まさに後継者問題に悩む中小企業の経営者から強い関心が寄せられているだけに、プロとしてこの「自社株納税猶予」を中小企業が導入することの意味、リスクと可能性を深く理解することが求められています。

　本書はこのような必然に応じて、今知っておくべき内容を必要なだけ解説したものです。将来のリスクも視野に入れた上で、承継時だけでなく、承継後の会社経営にも資する効果的な税制活用のために、ぜひお役立てください。

平成31年1月

　　　　辻・本郷 税理士法人　ダイレクトアシスト・税理士

　　　　　　　　　　　　　　　　　八重樫 巧

辻・本郷審理室 ダイレクトアシスト　ゼミナールvol.1

目次

・はじめに ……………………………………………………………… 2

・第1章　**事業承継自社株納税猶予（円滑化法）**… 5

　［第1節］　**平成30年度事業承継自社株納税猶予税制改正**

　［第2節］　**概要**

　［第3節］　**認定要件**

　［第4節］　**切替確認**

　［第5節］　**計画確認**

　［第6節］　**取消事由**

安積 健

・第2章　**事業承継自社株納税猶予（税法）**…………67

　［第1節］　**要件**

　［第2節］　**納税猶予**

　［第3節］　**確定事由**

　［第4節］　**免除事由**

　［第5節］　**精算課税とみなし相続**

　［第6節］　**手続**

　［第7節］　**用語**

　［第8節］　**判定方法**

安積 健

・第3章　**消費税納税義務の特例** ················· 135

　　［第1節］　**納税義務免除の特例**

　　［第2節］　**特定期間**

　　［第3節］　**高額特定資産**

　　［第4節］　**特定新規設立法人**

　　　　　　　　　　　　　　　　　　　　　安積 健

・第4章　**相続税の税務調査** ················· 169

　　［第1節］　**相続税の実地調査**

　　［第2節］　**調査で指摘されやすい事項**

　　［第3節］　**税務調査の終了手続き**

　　［第4節］　**「質問応答記録書」について**

　　［第5節］　**調査報告書について**

　　　　　　　　　　　　　　　　　　　　　八重樫 巧

・編著者プロフィール・執筆者略歴 ················· 196

○参考文献　国税庁HP○

第1章

事業承継
自社株納税猶予
（円滑化法）

第1節　平成30年度事業承継自社株納税猶予税制改正

第2節　概要

第3節　認定要件

第4節　切替確認

第5節　計画確認

第6節　取消事由

辻・本郷 税理士法人　審理室長・税理士　　安積 健

今回は、自社株の納税猶予を取り上げていきます。ただし税務ではなくて、今回取り上げるのは円滑化法のほうです。見ていきたいと思います。

［第1節］ 平成30年度事業承継自社株納税猶予税制改正

まず先に今回の平成30年度改正ですね。ざっと今回の平成30年度改正の税務のほうを見て、そのうえで円滑化法のほうに入っていきたいと思います。

図1)　平成30年度税制改正①

（1）改正後は**一般措置**と**特例措置**の2本立て

（2）**特例措置の創設**

　　①期間限定措置（**H30.1.1～H39.12.31**）

　　　　→10年以内の贈与・相続等

　　②**特例承継計画**の提出必須（**H30.4.1～H35.3.31**）

　　　　→5年以内の提出（認定経営革新等支援機関の指導・助言が必要）

　　③**対象株数**の拡大

　　　（改正前）議決権株式総数の2／3 →（改正後）**全株式**（上限撤廃）

　　④**猶予割合**の拡大

　　　（改正前）猶予割合80% →（改正後）猶予割合**100%**

まず税務のほうは、図1以降ですが、基本的には、今回の改正で一般措置のほかに特例措置が新たに設けられました。一般措置というのは前からある制度です。今回新しく入ってきたのが、いわゆる特例措置というものです。

したがって、今後10年間はこの一般措置と特例措置の2本立てで進んでいくことになります。

その特徴はここに書いてあるとおりです。一応向こう10年間の特例という方式で、10年以内に贈与、相続があった場合に適用を受けられるということになります。ちなみに贈与、この10年期間内に贈与を受けていて、贈与から相続に切り替える、その相続のタイミングが仮に10年を過ぎてしまったとしても、この10年内に贈与を受

[6]

けてれば、相続が10年超えたとしてもこの特例措置が受けられます。

　その代わり贈与を受けずに、ずっと相続を待っていたけれども、結果的に10年何も相続を受けなかったといった場合には、当然その特例措置は受けられないということになります。

　それから、特例措置を受けるためには、向こう5年間の間に、②に書いてあるとおり、特例承継計画というものを出しておく必要があります。これは相続とか贈与の前後でもいいということで、最終的には相続、贈与の認定申請と同時に出すというのが一番遅く出すというか、遅れて出すパターンになるようです。

　それから③ですね。従来は議決権ベースで3分の2が上限ということになっておりましたが、この特例の場合には、全株式上限なしということになります。それから④猶予割合も、相続税の猶予割合が従来80％だったものが、これも全部猶予できるというように変わります。

図2）　平成30年度税制改正②

⑤雇用確保要件の緩和

　（改正前）承継後5年間で平均8割の雇用維持が必要

　（改正後）**要件未達**の場合でも**猶予継続**

　　ア　**理由報告、確認**を受ける（**認定経営革新等支援機関の所見**の記載必要）

　　イ　理由が**経営状況悪化等**の場合、**認定経営革新等支援機関による指導・助言を受けた旨の記載**必要

⑥経営環境変化に対応した減免制度の創設

　会社を譲渡、解散した場合、その時点の株式価値で税額を再計算し差額を減免

　それから⑤ですね。雇用確保要件の緩和ということで、従来は5年平均で8割の雇用維持が必要でした。この特例に関しては、仮にその要件を充足しない場合でも、理由について報告して、確認を受けるという手続きを踏めば、猶予が継続されます。

　それから⑥ですね。経営環境が悪化した場合です。経営環境が悪化した場合に、減免制度が新しく入ってきます。

第1章　事業承継自社株納税猶予（円滑化法）　　[7]

> 図3）　平成30年度税制改正③
>
> ⑦承継パターンの拡大
>
> 　（改正前）1人の先代経営者 → 1人の後継者
>
> 　（改正後）**複数の株主 → 最大3人**の後継者（**10%以上、上位3位、代表者**）
>
> ⑧**相続時精算課税制度**の適用範囲の拡大
>
> 　（改正前）60歳以上の者から20歳以上の直系卑属への贈与
>
> 　（改正後）**60歳以上の者から20歳以上の者**への贈与
>
> 　（**事業承継税制を適用する場合のみ**、親族外（子や孫以外）の後継者への贈与も対象）

　それから図3。⑦承継パターンということで、今までは先代経営者から後継者へと1対1のものしか認められませんでしたが、今回の改正で、渡すほうはいわゆる経営者だけでなく、経営者以外の株主からも渡せるようになりました。

　それから受ける側も、従来は1人だけでしたが、これが3人まで認められるということで、3人とも代表者になるという前提ですが、持ち株が10%以上で、上位3位以内に入るということであれば、最大3人までOKになります。

　それから⑧精算課税。精算課税は基本的には、いわゆる親子なり、おじいちゃん、おばあちゃんから孫へと贈与されますが、この事業承継税制を適用する場合のみ、それ以外の人への贈与、生前贈与、これも対象になります。年齢要件は変わりませんが、直系卑属に限られず、親族以外の後継者も対象となります。

　実務的には、これを使うといろいろな問題が出ると思いますが、一応こうなったということです。以上が特例措置です。

図4) 平成30年度税制改正④

（3）**一般措置**の改正

　①承継パターンの拡大

　　（改正前）1人の先代経営者 → 1人の後継者

　　（改正後）**複数の株主**

　　　　　　→ 1人の後継者（既に一般措置を受けている者が取得する場合）

　②特例措置の創設に伴う改正

　　ア：**特例措置の適用を受けていないこと**を要件に追加

　　イ：**免除事由**に、**経営（贈与）承継期間の末日の翌日以後**に、**特例措置**の
　　　　適用に係る**贈与**をした場合を追加

　それから特例措置が入ってきた影響で、一部の一般措置、従来からあるものも少し
その影響を受けています。

　まず一つ目が承継パターンの拡大で、一般措置に関しては、もらう側は従来どおり
1人だけなのですが、あげる側は先代経営者だけでなく、それ以外の株主からもあげ
ることができるようになりました。

　それから特例措置ができたことに伴う改正で、一般措置を受ける場合には、特例措
置の適用を受けていないことが前提条件になっています。逆に特例措置を受ける場合
には、一般措置を受けてないことが前提条件です。要するに、一般と特例は、ダブル
で受けることはできませんということです。

　それから免除事由です。免除事由はいくつかありますが、免除事由の1つに、経営
承継期間、要は5年超えてから特例措置の適用に係る贈与をすると。そういった場合
も免除事由に該当するということが、新たに加わっています。これも今回の改正点で
す。

第1章　事業承継自社株納税猶予（円滑化法）　　[9]

［第2節］ **概要**

図5) 円滑化法の概要①

（1）円滑化法

　　①総則：1〜2条

　　②遺留分特例：3〜11条

　　③支援措置：12〜15条

　　④雑則：16〜17条

　納税猶予と関連する規定

　　①総則：2条（**中小企業者の定義**）

　　②支援措置：12条（**経済産業大臣の認定**）①一（会社である中小企業者）

　　　→ 贈与、相続の場合の**認定**

　　③支援措置：15条（**指導及び助言**）①

　　　→ 特例措置を適用する場合の**特例承継計画**

　図5以降で円滑化法を見ていきます。

　既に円滑化法の施行規則の部分が改正されています。改正されて、改正法が既に官報にも出ていますし、新旧対照表も出ていますが、実は一部条文が間違っています。間違っているところは私の気がついた範囲では、3カ所でしたが、問い合わせたら、問い合わせに対応していただいた方は、7カ所あるとおっしゃっていましたので、どこかのタイミングで公表して直すということのようです。一応そういうことがあるということは、頭の中に入れておいてください。

　まず図5です。こちらは円滑化法の話がざっと書いてあります。円滑化法そのものは、条文数としては非常に少ないです。税務、いわゆる納税猶予と関連する部分は、真ん中から下のところに書いておきました。まず2条のところで、中小企業者の定義がのっております。これは納税猶予という点からすると、本当に入口、最初のいろはの「い」に当たる部分だと思います。

[10]

それから、法律の12条。これは経済産業大臣の認定というところなのですが、ここで要は、贈与なり相続が起きた場合に認定を受けるという話があります。その根拠条文がこの12条になります。具体的な認定を受けるための要件というのは、このあと説明していきますが、施行規則のほうで定められています。

　それから、円滑化法の15条という条文がありますが、以前は事前に確認をしなければいけないということで、その場合に、この円滑化法の15条という規定が使われていたと思います。今は事前の確認というのは強制ではなくなっていますので、ほとんど関係ないと思いますが、今回は特例措置が入ってきて、いわゆる特例承継計画というのが出てきました。この特例承継計画に関する条文が、円滑化法の15条に入ってきています。これも具体的なものは施行規則のほうで定められています。

　図6)　　円滑化法の概要②

（２）円滑化法施行規則

　　納税猶予と関連する規定

　　1）6条：①**認定要件**

　　（一般）

　　七号（贈与）、八号（相続）(以上、第一種)

　　九号（贈与）、**十号**（相続）(以上、第二種)

　　（特例）

　　十一号（贈与）、**十二号**（相続）(以上、第一種)

　　十三号（贈与）、**十四号**（相続）(以上、第二種)

　　2）7条：認定の**申請**

　　3）8条：認定の**有効期限**

　　4）9条：認定の**取消**

　その施行規則のほうが図6です。ざっと主な条文を挙げておきました。

　おそらく一番のポイントとなる、贈与なり相続があった場合に認定を受けなければならない、その認定の要件は、施行規則の6条に書いてあります。これ昨年、今回の

改正前は納税猶予に関係する部分は、条文は2つだけだったのです。6条1項の7号と8号ですね。7号が贈与で、8号は相続と。

　2つしかなかったのですが、今回の改正を受けて、2つだったものが全部で8つに増えています。どういうふうに増えているのかというと、大きく、一般と特例で4つ、4つに分かれたと。さらに一般も特例も、第一種、第二種と書いてあります。第一種というのは、要は経営者ですね。先代経営者から贈与なり相続を受ける場合が第一種。先代経営者以外の者から贈与なり相続を受ける場合が第二種ということになります。それぞれ一般も特例も一種、二種が、それぞれ贈与と相続があるということで、都合8つできたため、かなり条文数も増えています。6条が認定の要件です。

　7条が申請ということで、具体的な手続きです。どういう書類を添付しなければならないか、が書いてあります。

　8条で認定の有効期限です。基本的に5年間ということが書いてあります。

　それから9条で認定の取り消しです。こういった場合には認定が取り消されます。これは税務のほうでいうと、要は納税を猶予していた部分が確定してしまうという部分です。

図7)　円滑化法の概要③

5）12条：**報告**

6）13条：**経営承継贈与者に相続が開始**した場合の都道府県知事の**確認**

7）16条：一号（**特例承継計画**）

8）17条：指導及び助言に係る都道府県知事の**確認**

　それから図7にいっていただいて、12条で報告ですね。毎年、報告をしなければならないというのがこの12条で規定されています。

　それから生前に贈与を受けていて、その贈与した者に相続が発生した場合、贈与から相続に切り替えるという話が出てきますが、その場合には、円滑化法で確認を受けるということになります。その根拠法が、この施行規則の13条というところにあります。

　そして今回新しく出てきた特例承継計画。これが具体的に定められているのが16

条。

　特例承継計画の確認を受けるという話が17条で規定されています。

　今回は、このあと見ていくのは、ほとんどが入口の、いわゆる認定要件ですね。今後は特例しか使わないとは思いますが、一応今までとの対比で、一般のほうも先にざっと説明したうえで、特例のほうも見ていきたいと思います。ただその前に、前述のとおり、入口は何といっても中小企業者であるという話が出てきます。まず中小企業者から、確認をしておきたいと思います。

図8)　中小企業者の定義①

＜定義＞

（1）中小企業者（法2、令）

No.	業種	資本金	従業員数
①	**製造業その他** （②～⑦に該当するものを除く）	3億円以下	300人以下
②	**卸売業** （⑤～⑦に該当するものを除く）	1億円以下	100人以下
③	**サービス業** （⑤～⑦に該当するものを除く）	5,000万円以下	100人以下
④	**小売業** （⑤～⑦に該当するものを除く）	5,000万円以下	50人以下
⑤	**ゴム製品製造業** （一定のものを除く）	3億円以下	900人以下
⑥	**ソフトウエア業、 情報処理サービス業**	3億円以下	300人以下
⑦	**旅館業**	5,000万円以下	200人以下

　図8に、中小企業者の定義が書いてあります。ここに書いてあるとおりで、業種によって資本金と、それから従業員数のどちらかを満たせば該当することとなっています。

　税務上、中小企業者というと、資本金1億円以下という頭があるかと思いますが、

第1章　事業承継自社株納税猶予（円滑化法）　　　[13]

納税猶予に関しては、それは一旦もう頭からはずして、納税猶予でいう中小企業者と
いったら、これが定義です。ですから例えば小売業の場合ですと、資本金が5000万
円以下か従業員数50人以下いうことになります。例えば、現状、小売業だけれども、
資本金が例えば6000万円で従業員数が60人いるということになると、いずれも満
たしませんので、そのままですと納税猶予を受けられない。

　そういう会社の場合には、要件に合うように調整をしなければいけないということ
になります。本当にこれは入口の部分になりますので、ここはきちんと理解をするよ
うにしてください。

[第3節] 認定要件

図9) 円滑化法 経営者からの贈与の認定要件①

経済産業大臣の認定（贈与）（経営者（代表者）からの贈与）

No.	内容	Yes	No	根拠条文
A	**当該中小企業者の属性**			
1	贈与時以後において上場会社等でないこと	☐	☐	6①七イ
2	贈与時以後において風俗営業会社でないこと	☐	☐	6①七イ
3	贈与の直前事業年度開始日以後において 資産保有型会社でないこと	☐	☐	6①七ロ
4	**第一種**贈与認定申請基準事業年度において いずれも資産運用型会社でないこと	☐	☐	6①七ハ
5	**第一種**贈与認定申請基準事業年度において いずれも総収入金額>0	☐	☐	6①七ニ
6	贈与時において常時使用従業員数≧1（注1）	☐	☐	6①七ホ
7	**第一種**贈与認定申請基準日における常時使用従業員数 ≧贈与時における常時使用従業員数×80% （一未満の端数切り捨て）	☐	☐	6①七ヌ
8	会社法108①八に掲げる事項についての 定めがある種類の株式を発行している場合には、 当該贈与時以後において当該株式を 当該中小企業者の代表者（**第一種**受に限る）以外の者が 有していないこと	☐	☐	6①七リ
B	**当該中小企業者の特定特別子会社の属性**			
9	贈与時以後において上場会社等でないこと	☐	☐	6①七ヘ
10	贈与時以後において大会社でないこと	☐	☐	6①七ヘ
11	贈与時以後において風俗営業会社でないこと	☐	☐	6①七ヘ

まずは前述のとおり、あまり今後この10年間は使わないかもしれませんが、いわゆる一般の贈与、相続、それをざっと見ておきます。今回は特例ができていますけれど、従来と大きく変わっているかというと、そうでもありません。あくまでもベースは変わらず、部分的に少しずつ変わっているという程度になります。

　まずは、一般の贈与から見ていきます。図9ですね。まず中小企業者の属性、要するに認定を受けようとする会社の属性です。1番から8番まであります。普通に事業をしている会社であれば、ほとんどクリアできるのではないかと思います。

　1番が上場会社等ではないこと。それから2番が風俗営業会社でないこと。この上場会社とか風俗営業会社の定義はうしろのほうに書いてありますので、見ておいてください（図10）。それから3番、4番ですね。いわゆる資産保有型会社でないこと。あるいは、資産運用型会社でないことというのがあります。この資産保有型会社、資産運用型会社というのは、このあと少し見ていきます（図11・12）。それから、総収入金額がゼロより大きいと。それから従業員数が1人以上。それから7番ですね。実は7番の要件、これは相続の場合もありますが、実は円滑化法だけ要求されている要件で、税務のほうにはないものです。ただ税務でなくても、円滑化法で認定を受けなくてはいけませんので、円滑化法独自ではこういうものも要件と。ただ、これで引っかかるというケースは、ほとんどないとは思います。ちなみに特例では、ここの要件はなくなっています。8番目はいわゆる黄金株ですね。黄金株を発行している場合には、いわゆる後継者しか持てませんよという話が書いてあります。

図10）　中小企業者の定義②

（2）上場会社等（規1⑦、6①ヒイ）

　　①金融商品取引所に上場されている株式又は店頭売買有価証券登録原簿に登録されている株式を発行している株式会社

　　②金融商品取引所若しくは店頭売買有価証券登録原簿に上場若しくは登録の申請がされている株式又は金融商品取引所若しくは店頭売買有価証券登録原簿に類するものであって外国に所在する若しくは備えられるものに上場若しくは登録若しくはこれらの申請がされている株式若

しくは持分に係る会社を含む

（3）風俗営業会社（規6①七イ）

　　性風俗関連特殊営業（風営法2⑤）に該当する事業を営む会社

　そこで、一応ここでは、資産保有型会社、資産運用型会社をちょっと見ておきます。
さっきの上場会社と風俗営業会社は図10に定義を書いておきました。

　それから、資産保有型会社については図11のところです。

図11）中小企業者の定義⑥

注：特別子会社

資産保有型子会社又は資産運用型子会社以外の会社に限る

資産保有型子会社：資産の帳簿価額の総額に対する**特別特定資産（※）の帳簿価額の合計額の割合が百分の七十以上である会社**

※有価証券：当該特別子会社の特別子会社の株式又は持分は除外される（特別特定資産には該当しない）

資産運用型子会社：総収入金額に占める特別特定資産の運用収入の合計額の割合が百分の七十五以上である会社

$$\frac{特定資産の帳簿価額}{資産の帳簿価額の総額} \geqq 70\%$$

注：本人及び同族関係者に対する配当及び損金不算入給与は分母・分子に含める

注：減価償却累計額、特別償却準備金、圧縮記帳積立金控除後（直接減額方式）貸倒引当金など評価制引当金控除前

第1章　事業承継自社株納税猶予（円滑化法）　　[17]

まずは図11のところを先に見ていただきたいと思います。

資産保有型会社に該当するかどうかっていうのは、そこの真ん中下のところに簡単な算式を書いておきましたが、これで資産の帳簿価格の総額に対する特定資産帳簿価格が7割以上かどうかという判定をします。

まず注意するのは、判定をする金額というのは帳簿価格だというところです。この帳簿価格というのは、いわゆる会計上の帳簿価格、要するに貸借対照表で見ていきます。税務上の帳簿価格ではないし、時価でもない、相続税評価額でもない。ですから、判定の仕方が全然違いますので、そこのところは帳簿価格ベース、会計ベースで判定するようにしてください。要は、この分子のところの特定資産です。

図 12）中小企業者の定義④

（7）資産保有型会社（規1⑫）

一の日において、第一号及び第三号に掲げる金額の合計額に対する第二号及び第三号に掲げる金額の合計額の割合が**百分の七十以上**である会社をいう。

　一：当該一の日における当該会社の**資産の帳簿価額の総額**

　二：当該一の日における次に掲げる資産（**特定資産**）の**帳簿価額の合計額**

　　イ　**有価証券**であって、当該会社の**特別子会社**（注）の**株式又は持分以外**のもの

　　ロ　当該会社が**現に自ら使用していない不動産**（不動産の一部分につき現に自ら使用していない場合は、当該一部分に限る）

　　ハ　**ゴルフ場**その他の施設の**利用**に関する**権利**（**当該会社の事業の用に供することを目的として有するものを除く**）

　　ニ　**絵画、彫刻、工芸品その他の有形の文化的所産である動産、貴金属及び宝石**（当該会社の事業の用に供することを目的として有するものを除く）

　　ホ　**現金、預貯金その他これらに類する資産**（次に掲げる者に対する貸付金、未収金その他これらに類する資産を含む）

これに何が入るかというところがポイントになってきます。図12のイからホまでですね。イ、ロ、ハ、ニ、ホというところが、いわゆる分子に乗っかってくる特定資産です。

　まず有価証券に関しては、基本その分子に乗っかってくるのですが、例外的なものは特別子会社です。特別子会社の株式持ち分については、分子に乗せる必要はないです。ただし、すべての特別子会社がOKというわけではなくて、図11に書いてありますが、いわゆる資産保有型子会社あるいは資産運用型子会社以外の会社であれば、分子に乗せる必要はない。わかりやすくいうと、きちんと事業をやっているような子会社であれば分子に乗せる必要がないが、いわゆる資産保有型と、資産運用型に該当している場合には、分子に乗せる必要があるということになります。

　それからロのところがいわゆる不動産ですね。これは、現に自ら使用していない不動産があれば、それを分子に乗せていただくと。典型的なものは、いわゆる賃貸不動産です。自社ビルで使っている場合には全然問題はありません。

　それからハとニですね。ハがゴルフ会員権、それからニが絵画とか貴金属とか宝石とか。こういったものを基本的には分子に乗っかってくると。

　分子に乗せなくていい場合というのは、いわゆる棚卸資産として保有しているケースなので、だいぶ業種等が限られてくるのではないかと思います。一般的には分子に乗せてくると。

　それからホですね。現金、預金、それからその他これらに類する資産ということで、特に注意するのは、次に掲げる者に対する貸付金、未収金等です。次に掲げる者というのは図13に書いてありますが、要は後継者ですね。

第1章　事業承継自社株納税猶予（円滑化法）　　　[19]

図 13) 中小企業者の定義⑤

1) **第一種（経営承継受贈者、経営承継相続人）、第二種（経営承継受贈者、経営承継相続人）、第一種特例（経営承継受贈者、経営承継相続人）、第二種特例（経営承継受贈者、経営承継相続人）**

2) 1)に掲げる者の関係者のうち、同族関係者の規定中（六号）「会社」とあるのを「会社（外国会社を含む）」と読み替えた場合における同号に掲げる者

三：次に掲げる期間において、当該会社の**経営承継受贈者又は経営承継相続人（1)に掲げる者）**及びこれらの者に係る同族関係者に**対して支払われた剰余金の配当等**（株式又は持分に係る剰余金の配当又は利益の配当をいう）及び**給与**（債務の免除による利益その他の経済的な利益を含む）**のうち法人税法34及び36の規定により当該会社の各事業年度の所得の金額の計算上損金の額に算入されないこととなるものの金額**

　イ　当該会社の代表者が経営承継受贈者である場合にあっては、当該一の日以前の五年間（経営承継贈与者からの贈与の日前の期間を除く）

　ロ　当該会社の代表者が経営承継相続人である場合にあっては、当該一の日以前の五年間（当該経営承継相続人の被相続人の相続の開始の日前の期間を除く）

　後継者を中心とした同族関係者に対する貸付金なり債権があれば、それも分子に乗せなくてはいけない。そのうえで、特定資産の割合が帳簿価格ベースで7割以上あるかどうかを判定していくということになります。

　さらにちょっと見ておきたいのが、先ほどの有価証券ですね。特別子会社以外の有価証券は、基本的に分子に乗せる。特別子会社に関しても、きちんと事業をやっているような会社であればよいですが、そうではない、資産保有型の子会社とか資産運用型の子会社に該当した場合は、乗せなくてはいけないということになります。

　そこで、資産保有型子会社のほうを見ておきましょう。要は、子会社ベースで特定

資産のウェイトが7割以上あるかどうかというのを、同じく帳簿価格ベースで見れば
いい。ですが、唯一違ってくるのが、子会社が資産保有型子会社に該当するのかどう
なのかを見るときに、資産の中に有価証券があれば、基本的には分子に乗せるという
ことになりますが、特別子会社にさらに特別子会社がある場合、特別子会社の定義で
すが、特別子会社っていうのは、図14のところに一応定義入れておきましたけれども、
これは要は代表者含めて、代表者それから同族関係者ですね、親族含めて50％、議
決権ベースで過半数を所有している、持っている会社です。

図14）中小企業者の定義③

（4）特別子会社（規1⑩）

会社並びにその代表者及び当該代表者に係る同族関係者が他の会社（外国
会社（会社法2二）を含む。）の総株主等議決権数の百分の五十を超える議
決権の数を有する場合における当該他の会社をいう。

（5）同族関係者（規1⑨）

中小企業者の代表者（代表者であった者を含む）の関係者のうち次に掲げ
るものをいう。

一　当該代表者の親族

二　当該代表者と婚姻の届出をしていないが事実上婚姻関係と同様の事
　　情にある者

三～五（略）

六　次に掲げる会社

イ　代表者等（当該代表者及び当該代表者に係る前各号に掲げる者をい
　　う）が会社の総株主等議決権数の百分の五十を超える議決権の数を
　　有する場合における当該会社

ロ　代表者等及びこれとイの関係がある会社が他の会社の総株主等議決
　　権数の百分の五十を超える議決権の数を有する場合における当該他
　　の会社

ハ　代表者等及びこれとイ又はロの関係がある会社が他の会社の総株主
　　等議決権数の百分の五十を超える議決権の数を有する場合における

当該他の会社

(6) 総株主等議決権数（規1⑨六イ）

　総株主（株主総会において決議をすることができる事項の全部につき議決権を行使することができない株主を除く）又は総社員の議決権の数をいう。

　これを特別子会社と呼んでおります。何を話していたかというと、特別子会社ですね。特別子会社が資産保有型に該当するかどうかということで、同じように判定していきますが、特別子会社がさらに特別子会社、判定対象会社からすると孫会社の株を持っていた場合はどうするのかというと、その場合にはこの図11の「※有価証券」のところに書いてあるとおり、分子のほうには乗せなくていいと。

　特別子会社がさらに特別子会社の株式なり持ち分なりを持っていた場合、そこに除外されるとあります。除外されるっていうのはどういうことかというと、いわゆる特定資産には該当しない、分子に乗せなくていいと。

　だからこれは、特別子会社が特別子会社をさらに持っている場合、持っている孫会社の中身いかんを問わない、中身を見る必要はないっていう意味です。中身を見ることなく分子に乗っける必要はないというとこですね。それ以外は同じように判定していただければいいと。これが資産保有型会社ですね。

図15) 中小企業者の定義⑦

(8) 資産運用型会社（規1⑬）

　一の事業年度における総収入金額（注）に占める特定資産の運用収入の合計額の割合が**百分の七十五以上**である会社をいう。

　注：営業外収益、特別利益を含む

$$\frac{\text{特定資産の運用収入}}{\text{総収入金額（売上、営業外収益、特別利益）}} \geq 76\%$$

　次に資産運用型のほうですね。資産運用型のほうは、図15に書いてあります。算式はそこに書いてあるとおりです。

[22]

総収入に占めるところの特定資産の運用収入、特定資産の運用収入というのは、例えば有価証券であれば利息とか配当、あるいは株を売却であれば、その売却収入そのものが分母に入ってくると。あるいは賃貸不動産がある場合であれば、家賃収入とか地代収入、そういったものが分子の特定資産の運用収入になってくる。それが75％以上あれば、資産運用型会社に該当してくるということです。

　若干注意するのはこの分母ですね。分母には売り上げだけでなく、営業外収益とか特別利益も含みます。この分母についてはこのあと出てくるので、そのときにまたふれたいと思います。

　今、資産保有型と資産運用型について、ざっとお話ししましたが、仮に該当してしまった場合、そこで即アウトになるのかというと、実は2段階になっております。資産保有型会社、資産運用型会社になったとしても、事業実態がある場合には、資産保有型会社とか資産運用型会社に該当しないものとみなされます。そういう規定が円滑化法のほうにあります。また、税務にもおなじような規定があります。

図16)　中小企業者の定義⑧

(9)　事業実態がある場合（規6②）

　資産保有型会社及び資産運用型会社の判定に当たっては、**以下のいずれにも該当する**場合には、事業実態がある会社として、**資産保有型会社及び資産運用型会社には該当しないものとみなされる**（特別子会社も同様）。

　　　一：当該中小企業者の**常時使用従業員（経営承継受贈者又は経営承継相続人及びこれらの者と生計を一にする親族を除く）（親族外従業員）**の数が**5人以上**であること

　　　二：当該中小企業者が、**親族外従業員が勤務している事務所、店舗、工場その他これらに類するものを所有し、又は賃借している**こと

　　　三：当該贈与の日又は当該相続の開始の日まで**引き続き3年以上**にわたり、次に掲げるいずれかの**業務をしている**こと

　　　　イ　**商品販売等（商品の販売、資産の貸付け（経営承継受贈者又は経営承継相続人に対するもの及びこれらの者に係る同族関係者に対するものを除く）又は役務の提供で、継続して対価を得て行われ**

るものをいい、その商品の開発若しくは生産又は役務の開発を含む）

ロ　商品販売等を行うために必要となる資産（二号を除く）の所有又は賃借

ハ　イ及びロに掲げる業務に類するもの

　事業実態があるというのは、図16に書いてある一、二、三ですね。これをすべて満たした場合です。一は従業員です。従業員は5人以上と書いてあります。ただし親族外の従業員、いわゆる第三者である従業員が5人以上必要だということです。それから二はいわゆる固定設備ですね。固定設備を所有しているとか賃借しているということです。それから三、これはいわゆる通常の何らかの事業をやっていると。三のイのところを見ていただくと、商品販売等ってことで、基本的には商品の販売、資産の貸付け、役務の提供です。どれかやっていればいいのですが、注意していただくのは、真ん中の資産の貸付けです。資産の貸付けをやっていればいいのだけれども、貸付けの相手が身内、後継者その他の同族関係者であれば、それはだめですよと。それ以外の、身内以外への貸付けに限られます。ちなみに商品の販売とか役務の提供に関しては、後継者を含めた同族関係者ではだめという規定はありません。その規定があるのは資産の貸付けだけで、ちょっと制限がかかっているということです。

　ということで、こういう事業実態があれば、資産保有型とか資産運用型には該当してこない。特別子会社も同様に考えていけばいいということになります。

図17）　中小企業者の定義⑨

（10）贈与（相続）認定申請基準事業年度（規6①七ほか）

①第一種（第二種）**贈与認定申請基準日**、第一種（第二種）特例**贈与認定申請基準日**

次に掲げる場合の区分に応じ、それぞれ次に定める日をいう。

　ア　**贈与日が1月1日～10月15日**までのいずれかの日である場合（ウに規定する場合を除く）→**10月15日**

イ　**贈与日が10月16日～12月31日**までのいずれかの日である場合→**贈与日**

ウ　贈与日の属する年の5月15日前に当該中小企業者の経営承継受贈者又は経営承継贈与者の相続が開始した場合→相続開始日の翌日から5カ月経過日

②第一種（（第二種）贈与認定申請基準事業年度、第一種（第二種）特例贈与認定申請基準事業年度

ア　**贈与日の属する事業年度の直前事業年度　及び**

イ　**贈与日の属する事業年度から贈与認定申請基準日の翌日の属する事業年度の直前事業年度までの各事業年度**

　それから、ちょっと見ておきたいのは、資産保有型会社は、いわゆるストック概念なので、その時点時点で見ていけばいいのですけれども、資産運用型会社の場合にはフローになりますから、フローということは当然一定期間の中で、先ほどの要件に該当するかどうかを見ていく必要があります。

　その一定の期間というのが図17です。先ほどの図9の要件のところを見てもいいのですが、贈与の場合であれば、贈与認定申請基準事業年度において資産運用型会社でないこと。この基準事業年度についての話は、図17にあります。基準事業年度を見るためには、その前提として、基準日を設けて、その基準日を把握する必要があります。この基準日は、贈与の場合にはその贈与日によって変わります。贈与日が1月1日から10月15日までであれば、基準日は10月15日にフィックスされます。10月16日以降年末までであれば、基準日はイコール贈与日になるというかたちです。

　贈与申請認定基準日についてアとイをまとめると、基準日というのは、10月15日から年末までのどこかになるということになります。それを前提としたうえで、ここでいう基準事業年度とは何かというのは一番下のところですね。図17の一番下のところ。基本的な贈与日の属する事業年度の直前事業年度というのが該当してくると思います。あとイですね。イのほうにも該当してくるのであればそれもカウントするし、該当しなければ上のほうのアだけになります。

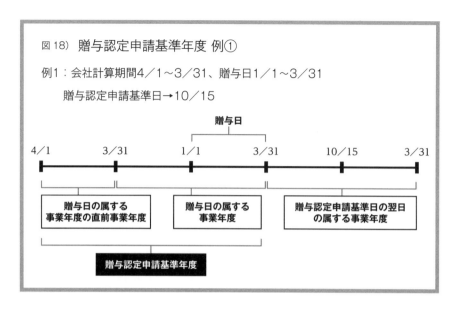

図18) 贈与認定申請基準年度 例①

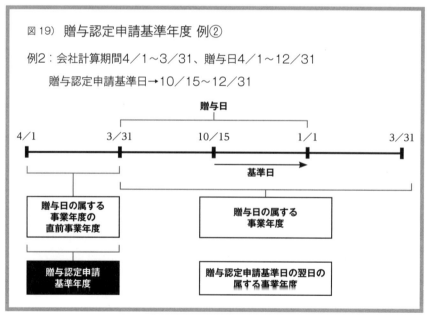

図19) 贈与認定申請基準年度 例②

そこを具体的に表したものが図18、19になります。

　図18のほうは3月決算を前提に、1月から3月の間に仮に贈与を実行したといった場合に、いわゆる基準事業年度というのはどこになるのかというものです。図19の場合には、贈与日が真ん中のところですね。贈与日の属する事業年度の直前事業年度というのが一番左端です。このケースは基準日の翌日の属する事業年度というのが一番右端になるので、それの直前事業年度までということで、結果としては、この場合は2期になると。この間で資産運用型会社に該当するかどうかをチェックします。

　同じく3月決算で贈与日が4月から12月の間であれば、結果としては、贈与日の属する事業年度の直前事業年度だけ見ていけばいいということになります。

図20）　中小企業者の定義⑩

　③第一種（第二種）**相続認定申請基準日**、第一種（第二種）特例**相続認定申請基準日**

　　相続開始日の翌日から5カ月経過日をいう。

　④第一種（第二種）贈与認定申請基準事業年度、第一種（第二種）特例贈与認定申請基準事業年度

　　ア　**相続開始日の属する事業年度の直前事業年度　及び**

　　イ　**相続開始日の属する事業年度から相続認定申請基準日の翌日の属する事業年度の直前事業年度までの各事業年度**

（11）総収入金額（規6①七ほか）

　営業外収益及び特別利益を除く

（12）特定特別子会社（規6①七ヘ）

　「同族関係者」の定義中、「当該代表者の親族」とあるのを「当該代表者と生計を一にする親族」と読み替えた場合の「特別子会社」の定義に規定する他の会社

（13）役員（規6①七ト（4））

　　株式会社の場合：会社法329①（取締役、会計参与、監査役）

　　持分会社：業務執行社員

第1章　事業承継自社株納税猶予（円滑化法）　　　［ 27 ］

それから相続の場合です。

相続の場合の基準日は、図20の③に書いてあるとおり、相続開始日から5カ月経過日になります。事業年度のほうは同じような、贈与の場合と同じような規定ぶりになっています。

それから図20（11）に総収入金額とあります。これは何かというと、図9の先ほどの認定要件ざっと見ましたが、その中に総収入金額がゼロより大きいとありましたね。普通に事業実体があればそうなるはずです。

ここでいう総収入金額は、気をつけていただきたいのが、いわゆる売り上げだけということです。営業外収益とか特別利益は除きます。売り上げだけで見ていくと。さっきの資産運用型会社に該当するかどうかの分母ですね。総収入金額。あちらは売り上げだけでなく、営業外とか特別利益も含めましたが、対象会社が、総収入金額がゼロより大きいかどうかを判定する場合の、その総収入金額から売り上げだけで見ていくということになります。

それでは、最初の図9の要件の表に戻っていただいて、先ほどはAの中小企業者、その対象会社の特性をざっと見ました。

次にBのとこですね。これは、対象会社の特定特別子会社の属性。特別子会社というのは、先ほど述べたとおり、代表者とか親族を含めて議決権の50％超を持っている、シェアしている会社、これを特別子会社と呼んでいます。特定とついているのは、普通は親族、同族関係者といったときにはその親族ということになりますが、この特定っていうのは親族一般ではなくて、代表者の生計一親族、代表者の生計一親族に限定したうえで、生計一親族で50％超をシェアしているような会社、これを特定特別子会社と呼んでいるからです。その特定特別子会社がそこに書いてある3つの要件ですね。上場してないとか、大会社でないっていうこと。大会社でないって、要するに中小企業者であるということですね。それから風俗営業会社でないと。この3つの要件を、満たしておく必要があるということになります。

図21) 円滑化法 経営者からの贈与の認定要件②

No.	内容	Yes	No	根拠条文
C	**当該中小企業者の代表者（第一種経営承継受贈者）の要件**			
12	贈与時以後において（代表権を制限されていない）代表者であること	☐	☐	6①七柱書、ト(1)
13	贈与時において当該代表者（同族関係者含む）の議決権数＞総株主等議決権数×50%	☐	☐	6①七ト(1)
14	贈与時において当該代表者の議決権数≧いずれの同族関係者の議決数	☐	☐	6①七ト(1)
15	贈与日において20歳以上であること	☐	☐	6①七ト(3)
16	贈与日まで引き続き3年以上当該中小企業者の役員であること	☐	☐	6①七ト(4)
17	贈与時以後において贈与により取得した当該中小企業者の株式等（注2）のうち措法70の7①の規定の適用を受けようとする株式等の全部を有していること	☐	☐	6①七ト(5)
18	**贈与により株式等を取得した代表者が、当該中小企業者の株式等につき12①の認定（十一号又は十三号事由に限る）に係る贈与を受けた者又は12①の認定（十二号又は十四号事由に限る）に係る相続又は遺贈を受けた者でないこと**	☐	☐	6①七ト(6)
D	**贈与者の要件**			
19	贈与時前において、当該中小企業者の代表者であったこと	☐	☐	6①七ト(7)
20	贈与の直前（注3）において当該贈与者（同族関係者含む）の議決権数＞総株主等議決権数×50%	☐	☐	6①七ト(7)
21	贈与の直前（注3）において当該贈与者の議決権数≧いずれの同族関係者（当該中小企業者の**第一種**経営承継受贈者となる者を除く）の議決権数	☐	☐	6①七ト(7)
22	贈与時において当該中小企業者の代表者でないこと	☐	☐	6①七ト(8)
23	**当該中小企業者の株式等について既に12①の認定（七号及び九号事由に限る）に係る贈与をしたことがないこと**	☐	☐	6①七ト(8)

それから図21。こちらは受贈者、もらう側ですね。

一般のほうの、従来のオーソドックスというか、昔からある贈与の場合の受贈者の要件ですね。それが12番から18番まであります。太字部分が今回改正になった部分です。ですから、太字以外はすべて改正前と同じです。

改正前と同じとはいっても、見たことのない方もたくさんいるかと思うので、ざっと見ておきましょう。まず12番は贈与時以後において代表者であること。贈与の場合には、贈与したタイミングで代表者になってないといけないということです。次に13番は、代表者、同族関係者含めて議決権の過半数を持っているということ。それから代表者単独でいずれの同族関係者の議決権数を下回らない。これが、この14番がいわゆる俗にいう同族内筆頭株主要件と呼ばれています。筆頭株主というのは法律の上ではどこにも書いてありません。いずれの同族関係者の議決権数を代表者が下回らないという表現が、法律上の表現になっています。それから年齢が20歳以上。それから贈与日時点で継続して3年以上役員であること。代表者である必要はありません。最低継続して3年以上、贈与するまで役員でなくてはいけないということになります。それから17番は、要は贈与を受けた株は持ち続けるということですね。ここまでは従来どおりで変わりません。

変わったのは、今回新しく入った18番です。太字で書いてありますが、先ほど述べたとおり、一般と特例と2本立てになりました。一般を受けるのであれば特例の適用は受けられません。特例を受けるのであれば一般が受けられませんと。それが書いてあるだけです。今、一般を見ていますので、特例の認定を受けている場合には受けられませんよという話が、そこに書いてあります。以上が受贈者、もらう側の要件です。

次があげる側、贈与者の要件です。

贈与者も同じような話です。19番、贈与事前において代表者であったこと。あくまでも一般のほうで、これは第一種になります。いわゆる先代経営者のことです。先代経営者ですから、どこかのタイミングで代表者でなければいけないということです。それから20番、21番は先ほどの、もらう側、贈与者のほうにも同じような要件ありました。あげる側も同じです。

唯一違うのはいわゆる同族内筆頭です。同族内筆頭とは受贈者を除いて筆頭であればいいと、あげる側ですね。だから、受贈者が筆頭で、あげる側が第2順位であれば

問題ないというような恰好になります。それから、贈与をした時点では、もう既に代表を降りてなくてはいけないというのが22番ですね。

　それから23番です。これは一応太字で書いてあります。新しく今回入ったのですが、実はこれは税務のほうでは従来から要件としてありました。ここに書いてあるとおり、既に7号とか9号と書いてありますが、要は既に納税猶予の贈与をしているとだめだということです。基本、贈与は、贈与者は1回だけで、2回、3回できません。贈与は1回きり、相続も1回きり。だから納税猶予はあげる側から見た場合には1回しかできませんということです。それはそうですよね。事業承継は1回でやると税負担が重いから、納税猶予を受けるということですから。二度三度というのはそもそも想定していません。前述のとおり、従来は要件として入ってなかったのですが、今回はどうも入ったみたいです。税務に合わせたのではないかなと思います。

図22)　円滑化法 経営者からの贈与の認定要件③

No.	内容	Yes	No	根拠条文
E	**贈与の要件**			
24	次のいずれかの贈与であること			
	①贈与直前の贈与者の保有株式等（注4）≧発行済株式数（注4）×2／3－当該代表者（**第一種**受）の保有株式等（注4）→当該控除した残数以上の数に相当する株式等の贈与	☐	☐	6①七チ
	②贈与直前の贈与者の保有株式等（注4）＜発行済株式数（注4）×2／3－当該代表者（**第一種**受）の保有株式等（注4）→贈与者の保有株式等のすべての贈与	☐	☐	
F	**その他**			
25	当該中小企業者の代表者が贈与により取得した当該中小企業者の株式等に係る贈与税を納付することが見込まれること	☐	☐	6①七柱書

注1　当該中小企業者（又はその支配会社）が直接保有している特別子会社が外国会社である場合には5人以上
注2　贈与時以後のいずれかの時において当該中小企業者が合併により消滅した場合、又は株式交換等により他の会社の株式交換完全子会社等となった場合には、当該合併に際して交付された吸収合併存続会社等の株式等、又は当該株式交換に際して交付された株式交換完全親会社等の株式等
注3　贈与者が贈与直前において当該中小企業者の代表者でない場合には、当該贈与者が当該代表者であった期間内のいずれかの時及び当該贈与の直前
注4　議決権制限株式を除く

　それから図22。贈与の要件ということで、同じ話が税務のほうにも書いてありますが、24番の①は何かというと、あげる側ともらう側で要は発行済みの株式3分の2以上持っている場合には、この事業承継で株を3分の2以上持つこと、要は特別決議ができるぐらいまで株を持つというのがイコール事業承継だという考え方です。

　ですから、あげる側ともらう側、先代経営者と後継者で足して3分の2以上持っているのであれば、少なくとも後継者のほうが単独で3分の2以上になるように贈与をしなければなりません。それが①ですね。

　②は足しても3分の2に届かない場合です。贈与者とそれからもらう側の受贈者。足しても3分の2に届かないような場合には、贈与者が持っているものをすべて渡してくださいと。そういうことになります。

[32]

このいずれかしか認められません。以上が贈与の場合の要件です。

図23) 円滑化法 経営者からの相続の認定要件①

経済産業大臣の認定（相続）（経営者（代表者）からの相続）

No.	内容	Yes	No	根拠条文
A	**当該中小企業者の属性**			
1	相続開始時以後において上場会社等でないこと	☐	☐	6①ハイ
2	相続開始以後において風俗営業会社でないこと	☐	☐	6①ハイ
3	相続開始の直前事業年度開始日以後において資産保有型会社でないこと	☐	☐	6①ハロ
4	**第一種**相続認定申請基準事業年度においていずれも資産運用型会社でないこと	☐	☐	6①ハハ
5	**第一種**相続認定申請基準事業年度においていずれも総収入金額＞0	☐	☐	6①ハニ
6	相続開始時において常時使用従業員数≧1（注1）	☐	☐	6①ハホ
7	**第一種**相続認定申請基準日における常時使用従業員数≧相続開始時における常時使用従業員数×80％（－未満の端数切り捨て）	☐	☐	6①ハリ
8	会社法108①八に掲げる事項についての定めがある種類の株式を発行している場合には、当該相続開始時以後において当該株式を当該中小企業者の代表者（**第一種**相に限る）以外の者が有していないこと	☐	☐	6①ハチ
B	**当該中小企業者の特定特別子会社の属性**			
9	相続開始時以後において上場会社等でないこと	☐	☐	6①ハヘ
10	相続開始時以後において大会社でないこと	☐	☐	6①ハヘ
11	相続開始時以後において風俗営業会社でないこと	☐	☐	6①ハヘ

第1章　事業承継自社株納税猶予（円滑化法）

相続の場合の要件が図23以降に書いてあります。ほとんど贈与と変わりません。

まずAの中小企業者の属性。これも同じことですね。それからBの特定特別子会社、これも同じです。

図24) 円滑化法 経営者からの相続の認定要件②

No.	内容	Yes	No	根拠条文
C	**当該中小企業者の代表者（第一種経営承継相続人）の要件**			
12	相続開始日の翌日から5カ月経過日以後において（代表権を制限されていない）代表者であること	☐	☐	6①八柱書、ト(1)
13	相続開始時において当該代表者（同族関係者含む）の議決権数＞総株主等議決権数×50%	☐	☐	6①八ト(1)
14	相続開始時において当該代表者の議決権数≧いずれの同族関係者の議決数	☐	☐	6①八ト(1)
15	相続開始直前において役員であること（当該代表者の被相続人が60歳未満で死亡した場合を除く）	☐	☐	6①八ト(3)
16	相続開始時以後において相続等により取得した当該中小企業者の株式等（注2）のうち措法70の7の2①の規定の適用を受けようとする株式等の全部を有していること	☐	☐	6①八ト(4)
17	**相続等により株式等を取得した代表者が、当該中小企業者の株式等につき12①の認定（十一号又は十三号事由に限る）に係る贈与を受けた者又は12①の認定（十二号又は十四号事由に限る）に係る相続又は遺贈を受けた者でないこと**	☐	☐	6①八ト(5)
D	**被相続人の要件**			
18	相続開始前において、当該中小企業者の代表者であったこと	☐	☐	6①八ト(6)
19	相続開始の直前（注3）において当該被相続人（同族関係者含む）の議決権数＞総株主等議決権数×50%	☐	☐	6①八ト(6)
20	相続開始の直前（注3）において当該被相続人の議決権数≧いずれの同族関係者（当該中小企業者の**第一種**経営承継相続人となる者を除く）の議決権数	☐	☐	6①八ト(6)
21	**当該中小企業者の株式等について12①の認定（七号及び九号事由に限る）に係る贈与をした者でないこと**	☐	☐	6①八ト(7)

[34]

それから図24に移って、相続人ですね。受ける側の要件。これも基本変わりません。若干変わってくるのは、例えば12番です。どのタイミングで代表者でなくてはいけないかと。贈与の場合には贈与の時点は選べますから、贈与のタイミングで代表者になってなければなりません。ところが相続は時点が選べないです。いきなりきますから。そこで、相続開始日から5カ月経過日の段階で代表者になっていればいいということになっています。

それから贈与の場合だと、少なくとも贈与時点で3年以上継続して役員でなければいけないという要件がありました。相続の場合も基本役員でなければいけないけれども、年数ではなく、相続開始直前において役員になっている必要がある。ただし被相続人が60未満で亡くなっている場合には、あんまりそういうのはなかなか想定しづらいですから、その場合には役員でなくてもいいけれども、基本的には相続開始直前において役員になってなければいけないということです。

それ以外は贈与の場合と同じです。下の被相続人の要件。これも同じですね。一番下の21番です。これは一応太字で書いてありますけども、従来から規定はありました。今回特例が入ったので、少し条文の記載の仕方が変わったので、太字で一応書いておきましたが、同じような趣旨は従来からあったということです。というのは相続の納税猶予、認定を受ける場合には、その被相続人っていうのは7号贈与ですね。いわゆる生前贈与の認定を受けている場合には、この相続の認定は受けられませんよということです。

第1章　事業承継自社株納税猶予（円滑化法）

図25)　円滑化法 経営者からの相続の認定要件③

No.	内容	Yes	No	根拠条文
E	**その他**			
22	当該中小企業者の代表者が相続等により取得した当該中小企業者の株式等に係る相続税を納付することが見込まれること	☐	☐	6①八柱書
23	当該中小企業者の株式等は、認定申請書提出時において当該相続等に係る共同相続人又は包括受遺者によって分割されていること	☐	☐	6①八柱

注1　当該中小企業者(又はその支配会社)が直接保有している特別子会社が外国会社である場合には5人以上
注2　相続開始時以後のいずれかの時において当該中小企業者が合併により消滅した場合、又は株式交換等により他の会社の株式交換完全子会社等となった場合には、当該合併に際して交付された吸収合併存続会社等の株式等、又は当該株式交換等に際して交付された株式交換完全親会社等の株式等
注3　被相続人が相続開始直前において当該中小企業者の代表者でない場合には、当該被相続人が当該代表者であった期間内のいずれかの時及び当該相続開始の直前

あと図25のところでは、分割しておいてくださいねという話が書いてあります。

以上が相続に係る入り口の要件です。

図26) 円滑化法 経営者以外からの贈与の認定要件①

経済産業大臣の認定（贈与）（経営者以外からの贈与）

No.	内容	Yes	No	根拠条文
A	当該中小企業者の属性			
1	贈与時以後において上場会社等でないこと	☐	☐	6①九イ
2	贈与時以後において風俗営業会社でないこと	☐	☐	6①九イ
3	贈与の直前事業年度開始日以後において資産保有型会社でないこと	☐	☐	6①九ロ
4	**第二種**贈与認定申請基準事業年度においていずれも資産運用型会社でないこと	☐	☐	6①九ハ
5	**第二種**贈与認定申請基準事業年度においていずれも総収入金額＞0	☐	☐	6①九ニ
6	贈与時において常時使用従業員数≧1（注1）	☐	☐	6①九ホ
7	会社法108①八に掲げる事項についての定めがある種類の株式を発行している場合には、当該贈与時以後において当該株式を当該中小企業者の代表者（**第二種**受に限る）以外の者が有していないこと	☐	☐	6①九リ
8	**12①の認定（七号又は八号事由に限る）を受けていること**	☐	☐	6①九ヌ
B	当該中小企業者の特定特別子会社の属性			
9	贈与時以後において上場会社等でないこと	☐	☐	6①九ヘ
10	贈与時以後において大会社でないこと	☐	☐	6①九ヘ
11	贈与時以後において風俗営業会社でないこと	☐	☐	6①九ヘ

　図26。今度は今回新しく、今まではいわゆる経営者からの贈与、相続しかなかったのですが、一般措置も経営者以外からの贈与、相続が入りました。これがいわゆる第二種というものですね。それが図26。

　まずは贈与のほうです。ほとんど変わりません。Aの中小企業者の属性で変わって

第1章 事業承継自社株納税猶予（円滑化法）　　[37]

くるのは、例えば贈与の図9でいうと、7番の従業員数の要件。それがこの第二種の場合には要らないです。その代わり、第二種を受ける場合にはAの8番。これは第一種にはないものですね。7号ないし8号、これまで見てきた、いわゆる先代経営者からの贈与なり相続の認定を会社が受けていると。

　要は経営者以外からの贈与とか相続も対象になってくるのですが、それはあくまでも既に先代経営者から贈与なり相続を受けて認定受けていますと。それが大前提です。先代経営者から株式の贈与なり相続を受けることなく、いきなり先代経営者以外から贈与、相続した場合、それで納税猶予というわけにはいきません。

　あくまでも先代経営者から贈与なり相続を受けていることが大前提で、経営者以外からの贈与とか相続も特例が受けられると。だから、あくまでも、おまけのようなものです。それから特定特別子会社の要件は変わりません。

図27) 円滑化法 経営者以外からの贈与の認定要件②

No.	内容	Yes	No	根拠条文
C	**当該中小企業者の代表者（第二種経営承継受贈者）の要件**			
12	贈与時以後において（代表権を制限されていない）代表者であること	☐	☐	6①九柱書、ト(1)
13	贈与時において当該代表者（同族関係者含む）の議決権数＞総株主等議決権数×50%	☐	☐	6①九ト(1)
14	贈与時において当該代表者の議決権数≧いずれの同族関係者の議決数	☐	☐	6①九ト(1)
15	贈与日において20歳以上であること	☐	☐	6①九ト(2)
16	贈与日まで引き続き3年以上当該中小企業者の役員であること	☐	☐	6①九ト(3)
17	贈与時以後において贈与により取得した当該中小企業者の株式等（注2）のうち措法70の7①の規定の適用を受けようとする株式等の全部を有していること	☐	☐	6①九ト(4)
18	**贈与により株式等を取得した代表者が、当該中小企業者の株式等につき12①の認定（十一号又は十三号事由に限る）に係る贈与を受けた者又は12①の認定（十二号又は十四号事由に限る）に係る相続又は遺贈を受けた者でないこと**	☐	☐	6①九ト(5)
19	**贈与時において当該代表者が当該中小企業者の株式等について12①の認定（七号事由に限る）に係る贈与（第一種経営承継贈与）又は12①の認定（八号事由に限る）に係る相続（第一種経営承継相続）を受けた者であること**	☐	☐	6①九ヌ
D	**贈与者の要件**			
20	贈与時前において、当該中小企業者の代表者でないこと	☐	☐	6①九ト(6)
21	**当該中小企業者の株式等について既に12①の認定（七号及び九号事由に限る）に係る贈与をしたことがないこと**	☐	☐	6①九ト(6)

　それから受ける側、受贈者の側の要件が図27に書いてあります。これも基本は変わりません。

　変わるのは、これまで述べてきたことですが、Cの19番。贈与時点で受ける受贈

者が、中小企業者の会社の株式について、既に先代経営者からの贈与なり相続を受けている。

　要は先代経営者以外の者から贈与を受ける時点で、既に先代経営者から株式を贈与なり相続でもらっていること。それが前提の話ということです。それ以外は多分変わらないのではないかと思います。

図28）　円滑化法 経営者以外からの贈与の認定要件③

No.	内容	Yes	No	根拠条文
E	**贈与の要件**			
22	次のいずれかの贈与であること			
	①贈与直前の贈与者の保有株式等（注3）≧発行済株式数（注3）×2／3－当該代表者（**第二種**受）の保有株式等（注3）→当該控除した残数以上の数に相当する株式等の贈与	☐	☐	6①九チ
	②贈与直前の贈与者の保有株式等（注3）＜発行済株式数（注3）×2／3－当該代表者（**第二種**受）の保有株式等（注3）→贈与者の保有株式等のすべての贈与	☐	☐	
F	**その他**			
23	当該中小企業者の代表者が贈与により取得した当該中小企業者の株式等に係る贈与税を納付することが見込まれること	☐	☐	6①九柱書
24	**贈与税申告期限が、当該中小企業者に係る12①の認定（七号又は八号事由に限る）の有効期限までに到来するものに限る**	☐	☐	6①九柱書

注1　当該中小企業者（又はその支配会社）が直接保有している特別子会社が外国会社である場合には5人以上
注2　贈与時以後のいずれかの時において当該中小企業者が合併により消滅した場合、又は株式交換等により他の会社の株式交換完全子会社等となった場合には、当該合併に際して交付された吸収合併存続会社等の株式等、又は当該株式交換等に際して交付された株式交換完全親会社等の株式等
注3　議決権制限株式を除く

　それから、図28のほうで贈与の要件があります。これも変わりません。

　最後のところですね。Fのその他の24番。これが新しく入ったものです。先代経営者以外の者から贈与なり相続といった場合には、贈与の場合であれば贈与税の申告期限ですね。それがいわゆる認定の有効期限、大元の先代経営者からの相続なり贈与な

[40]

り、その有効期限、有効期限というのは基本5年ですね。5年以内に贈与税の申告期限が到来するものに限ると。これは税務のほうでも同じようなものが入っています。

図29）円滑化法 経営者以外からの相続の認定要件

経済産業大臣の認定（相続）（経営者以外からの相続）

No.	内容	Yes	No	根拠条文
A	当該中小企業者の属性			
1	相続開始時以後において上場会社等でないこと	☐	☐	6①十イ
2	相続開始以後において風俗営業会社でないこと	☐	☐	6①十イ
3	相続開始の直前事業年度開始日以後において資産保有型会社でないこと	☐	☐	6①十ロ
4	**第二種**相続認定申請基準事業年度においていずれも資産運用型会社でないこと	☐	☐	6①十ハ
5	**第二種**相続認定申請基準事業年度においていずれも総収入金額＞0	☐	☐	6①十ニ
6	相続開始時において常時使用従業員数≧1（注1）	☐	☐	6①十ホ
7	会社法108①八に掲げる事項についての定めがある種類の株式を発行している場合には、当該相続開始時以後において当該株式を当該中小企業者の代表者（**第二種**相に限る）以外の者が有していないこと	☐	☐	6①十チ
8	**12①の認定（七号又は八号事由に限る）を受けていること**	☐	☐	6①十リ
B	当該中小企業者の特定特別子会社の属性			
9	相続開始時以後において上場会社等でないこと	☐	☐	6①十ヘ
10	相続開始時以後において大会社でないこと	☐	☐	6①十ヘ
11	相続開始時以後において風俗営業会社でないこと	☐	☐	6①十ヘ

第1章 事業承継自社株納税猶予（円滑化法）

No.	内容	Yes	No	根拠条文
C	**当該中小企業者の代表者（第二種経営承継相続人）の要件**			
12	相続開始日の翌日から5カ月経過日以後において（代表権を制限されていない）代表者であること	☐	☐	6①十柱書、ト(1)
13	相続開始時において当該代表者（同族関係者含む）の議決権数＞総株主等議決権数×50%	☐	☐	6①十ト(1)
14	相続開始時において当該代表者の議決権数≧いずれの同族関係者の議決権数	☐	☐	6①十ト(1)
15	相続開始直前において役員であること（当該代表者の被相続人が60歳未満で死亡した場合を除く）	☐	☐	6①十ト(2)
16	相続開始時以後において相続等により取得した当該中小企業者の株式等（注2）のうち措法70の7の2①の規定の適用を受けようとする株式等の全部を有していること	☐	☐	6①十ト(3)
17	**相続等により株式等を取得した代表者が、当該中小企業者の株式等につき12①の認定（十一号又は十三号事由に限る）に係る贈与を受けた者又は12①の認定（十二号又は十四号事由に限る）に係る相続又は遺贈を受けた者でないこと**	☐	☐	6①十ト(4)
18	**相続開始時において当該代表者が当該中小企業者の株式等について12①の認定（七号事由に限る）に係る贈与（第一種経営承継贈与）又は12①の認定（八号事由に限る）に係る相続（第一種経営承継相続）を受けた者であること**	☐	☐	6①十リ
D	**被相続人の要件**			
	特になし			
E	**その他**			
19	当該中小企業者の代表者が相続等により取得した当該中小企業者の株式等に係る相続税を納付することが見込まれること	☐	☐	6①十柱書
20	当該中小企業者の株式等は、認定申請書提出時において当該相続等に係る共同相続人又は包括受遺者によって分割されていること	☐	☐	6①十柱書
21	**相続税申告期限が、当該中小企業者に係る12①の認定（七号又は八号事由に限る）有効期限までに到来するものに限る**	☐	☐	6①十柱書

注1　当該中小企業者（又はその支配会社）が直接保有している特別子会社が外国会社である場合には5人以上

注2　相続開始時以後のいずれかの時において当該中小企業者が合併により消滅した場合、又は株式交換等により他の会社の株式交換完全子会社等となった場合には、当該合併に際して交付された吸収合併存続会社等の株式等、又は当該株式交換等に際して交付された株式交換完全親会社等の株式等

それから、図29、今度は経営者以外からの相続ということで、これもほとんど今の経営者以外からの贈与と同じ話で、特に説明がなくとも読んでいただければわかります。

　ここまでがいわゆる一般の話です。

図30) 円滑化法 特例贈与の認定要件①

経済産業大臣の認定（特例贈与）

No.	内容	Yes	No	根拠条文
A	**当該中小企業者の属性**			
1	贈与時以後において上場会社等でないこと	☐	☐	6①十一イ
2	贈与時以後において風俗営業会社でないこと	☐	☐	6①十一イ
3	贈与の直前事業年度開始日以後において資産保有型会社でないこと	☐	☐	6①十一ロ
4	**第一種特例**贈与認定申請基準事業年度においていずれも資産運用型会社でないこと	☐	☐	6①十一ハ
5	**第一種特例**贈与認定申請基準事業年度においていずれも総収入金額＞0	☐	☐	6①十一ニ
6	贈与時において常時使用従業員数≧1（注1）	☐	☐	6①十一ホ
7	会社法108①八に掲げる事項についての定めがある種類の株式を発行している場合には、当該贈与時以後において当該株式を当該中小企業者の代表者（**第一種特例**受に限る）以外の者が有していないこと	☐	☐	6①十一リ
B	**当該中小企業者の特定特別子会社の属性**			
8	贈与時以後において上場会社等でないこと	☐	☐	6①十一ヘ
9	贈与時以後において大会社でないこと	☐	☐	6①十一ヘ
10	贈与時以後において風俗営業会社でないこと	☐	☐	6①十一ヘ

ここから先の図30以降が、今度は特例の話になります。

いわゆる今後10年間適用が見込まれている特例贈与あるいは特例相続ですね。その話になりますが、基本変わりません。ちょっと見ていきます。図30です。まずは特例贈与のほうです。最初のAが中小企業者の属性ということで書いてありますが、見ていただいてわかるとおり、ほとんど同じです。

それから特定特別子会社も同じです。

図31) 円滑化法 特例贈与の認定要件②

No.	内容	Yes	No	根拠条文
C	当該中小企業者の代表者（**第一種特例**経営承継受贈者）の要件			
11	贈与時以後において（代表権を制限されていない）代表者であること	☐	☐	6①十一柱書、ト(1)
12	贈与時において当該代表者（同族関係者含む）の議決権数＞総株主等議決権数×50％	☐	☐	6①十一ト(1)
13	次に掲げる場合の区分に応じ、それぞれに定める要件を満たすこと			
	①代表者が一人の場合：贈与時において当該代表者の議決権数≧いずれの同族関係者の議決権数	☐	☐	6①十一ト(1)
	②代表者が二人又は三人の場合：贈与時において当該代表者の議決権数≧10％、かつ、≧いずれの同族関係者（当該代表者以外の第一種特例受を除く）の議決権数	☐	☐	
14	贈与日において20歳以上であること	☐	☐	6①十一ト(2)
15	贈与日まで引き続き3年以上当該中小企業者の役員であること	☐	☐	6①十一ト(3)
16	贈与時以後において贈与により取得した当該中小企業者の株式等（注2）のうち措法70の7の5①の規定の適用を受けようとする株式等の全部を有していること	☐	☐	6①十一ト(4)
17	**贈与により株式等を取得した代表者が、当該中小企業者の株式等につき12①の認定（七号又は九号事由に限る）に係る贈与を受けた者又は12①の認定（八号又は十号事由に限る）に係る相続又は遺贈を受けた者でないこと**	☐	☐	6①十一ト(5)
18	**17①一の確認を受けた特例後継者（16①一ロ）であること**	☐	☐	6①十一ト(6)

それから受贈者の要件ということで、ここがちょっと変わってきます（図31）。

特例の場合には、あげる側だけでなく、もらう側も複数になります。一般措置では拡張され、あげる側が先代経営者以外の者も増えました。しかし、もらう側の一般は後継者だけです。それに対して特例措置は、後継者が1人だけでなく、3人までいいよというところが増えています。それが13番の②です。①というのは代表者が1人の場合。代表者が1人の場合は従来どおりです。

要は同族内筆頭株主という要件ですね。それが2人とか3人の場合には、贈与時時点で、議決権ベースで10％以上保有している。かつ、いずれの同族関係者の議決件数をも下回らないと。ただし、その2人とか3人の後継者になる者以外の同族関係者が保有する議決権を下回らないというのが条件になっています。1人を2人とか3人に拡張したと考えていただければいいのかなという気がします。

あと特徴的なところは、17番。先ほどは一般の話をしていたので特例受けてはいけないという話ですが、今度は逆に特例の話なので、今度は一般受けてはいけないという話が17番に書いてあります。

次に特徴的なのが18番です。特例承継計画、最後に簡単に見ますけれども、特例承継計画というのをこの5年以内に出しておくという話がありました。それに関する話が18番に書いてあります。その確認を受けた特例後継者であること。この特例後継者というのは、要は特例承継計画に記載した後継者であるということ。それが要件として加わっています。

図32）円滑化法 特例贈与の認定要件③

No.	内容	Yes	No	根拠条文
D 贈与者の要件				
19	贈与時前において、当該中小企業者の代表者であったこと	☐	☐	6①十一ト (7)
20	贈与の直前（注3）において当該贈与者（同族関係者含む）の議決権数＞総株主等議決権数×50％	☐	☐	6①十一ト (7)
21	贈与の直前（注3）において当該贈与者の議決権数≧いずれの同族関係者（当該中小企業者の**第一種特例**経営承継受贈者となる者を除く）の議決権数	☐	☐	6①十一ト (7)

No.	内容	Yes	No	根拠条文
22	贈与時において当該中小企業者の代表者でないこと	☐	☐	6①十一ト (8)
23	**当該中小企業者の株式等について既に12①の認定（十一号又は十三号事由に限る）に係る贈与をしたことがないこと**	☐	☐	6①十一ト (8)
24	**17①一の確認を受けた特例後継者（16①一ハ）であること**	☐	☐	6①十一ト (9)

E	**贈与の要件**

25	次に掲げる場合の区分に応じ、それぞれに定める贈与であること	☐	☐	
	①第一種特例受が一人：次に掲げる場合の区分に応じそれぞれに定める贈与	☐	☐	
	ア　贈与直前の贈与者の保有株式等（注4）≧発行済株式数（注4）×2／3－当該代表者（**第一種特例**受）の保有株式等（注4）→当該控除した残数以上の数に相当する株式等の贈与	☐	☐	6①十一チ
	イ　贈与直前の贈与者の保有株式等（注4）＜発行済株式数（注4）×2／3－当該代表者（**第一種特例**受）の保有株式等（注4）→贈与者の保有株式等のすべての贈与	☐	☐	
	②第一種特例受が二人又は三人：いずれの第一種特例受の保有株式等≧発行済株式等×10％、かつ、＞第一種特例贈の保有株式等となる贈与	☐	☐	

F	**その他**

注1　当該中小企業者（又はその支配会社）が直接保有している特別子会社が外国会社である場合には5人以上
注2　贈与時以後のいずれかの時において当該中小企業者が合併により消滅した場合、又は株式交換等により他の会社の株式交換完全子会社等となった場合には、当該合併に際して交付された吸収合併存続会社等の株式等、又は当該株式交換等に際して交付された株式交換完全親会社等の株式等
注3　贈与者が贈与直前において当該中小企業者の代表者でない場合には、当該贈与者が当該代表者であった期間内のいずれかの時及び当該贈与の直前
注4　議決権制限株式を除く

それからあげる側です（図32）。あげる側も基本変わりません。

変わってくるのは今の特例承継計画、24番のところです。先ほどの受贈者のほうは、特例後継者であることという話でしたけど、あげる側は特例代表者であることということで、これも変わらないというか、同じパラレルです。

それから贈与の要件。これも従来と変わらないというか、1人の場合と、それから2人、3人の場合ありますから、1人の場合は変わりません。それから2人、3人の場合ですね。受ける側が2人とか3人の場合には、ここに書いてあるとおり10%以上です。それぞれが持ち、なおかつ贈与者。そこは、最後のところに「第一種特例贈」と書いてあります。「贈」というのは贈与者の省略したものです。

要は、贈与者よりも保有株数が多くなければいけない。そういう贈与をしてくださいということです。ここが新しいです。

図33）円滑化法 特例相続の認定要件

経済産業大臣の認定（特例相続）

No.	内容	Yes	No	根拠条文
A	当該中小企業者の属性			
1	相続開始時以後において上場会社等でないこと	☐	☐	6①十二イ
2	相続開始以後において風俗営業会社でないこと	☐	☐	6①十二イ
3	相続開始の直前事業年度開始日以後において資産保有型会社でないこと	☐	☐	6①十二ロ
4	**第一種特例**相続認定申請基準事業年度においていずれも資産運用型会社でないこと	☐	☐	6①十二ハ
5	**第一種特例**相続認定申請基準事業年度においていずれも総収入金額>0	☐	☐	6①十二ニ
6	相続開始時において常時使用従業員数≧1（注1）	☐	☐	6①十二ホ
7	会社法108①八に掲げる事項についての定めがある種類の株式を発行している場合には、当該相続開始時以後において当該株式を当該中小企業者の代表者（**第一種特例**相に限る）以外の者が有していないこと	☐	☐	6①十二チ

第1章　事業承継自社株納税猶予（円滑化法）　　[47]

No.	内容	Yes	No	根拠条文
B	当該中小企業者の特定特別子会社の属性			
8	相続開始時以後において上場会社等でないこと	☐	☐	6①十二ヘ
9	相続開始時以後において大会社でないこと	☐	☐	6①十二ヘ
10	相続開始時以後において風俗営業会社でないこと	☐	☐	6①十二ヘ
C	当該中小企業者の代表者（**第一種特例**経営承継相続人）の要件			
11	相続開始日の翌日から5カ月経過日以後において（代表権を制限されていない）代表者であること	☐	☐	6①十二柱書、ト(1)
12	相続開始時において当該代表者（同族関係者含む）の議決権数＞総株主等議決権数×50%	☐	☐	6①十二ト(1)
13	次に掲げる場合の区分に応じ、それぞれに定める要件を満たすこと			
	①代表者が一人の場合：相続開始時において当該代表者の議決権数≧いずれの同族関係者の議決権数	☐	☐	6①十二ト(1)
	②代表者が二人又は三人の場合：相続開始時において当該代表者の議決権数≧10%、かつ、≧いずれの同族関係者（当該代表者以外の第一種特例相を除く）の議決権数	☐	☐	
14	相続開始直前において役員であること（当該代表者の被相続人が60歳未満で死亡した場合を除く）	☐	☐	6①十二ト(2)
15	相続開始時以後において相続等により取得した当該中小企業者の株式等（注2）のうち措法70の7の6①の規定の適用を受けようとする株式等の全部を有していること	☐	☐	6①十二ト(3)
16	**相続等により株式等を取得した代表者が、当該中小企業者の株式等につき12①の認定（七号又は九号事由に限る）に係る贈与を受けた者又は12①の認定（八号又は十号事由に限る）に係る相続又は遺贈を受けた者でないこと**	☐	☐	6①十二ト(4)
17	**17①一の確認を受けた特例代表者（16①一ハ）であること**	☐	☐	6①十二ト(8)

[48]

No.	内容	Yes	No	根拠条文
	D 被相続人の要件			
18	**17①一の確認を受けた特例代表者（16①一ハ）であること**	☐	☐	6①十二ト (5)
19	相続開始前において、当該中小企業者の代表者であったこと	☐	☐	6①十二ト (6)
20	相続開始の直前（注3）において当該被相続人（同族関係者含む）の議決権数＞総株主等議決権数×50%	☐	☐	6①十二ト (6)
21	相続開始の直前（注3）において当該被相続人の議決権数≧いずれの同族関係者（当該中小企業者の**第一種特例**経営承継相続人となる者を除く）の議決権数	☐	☐	6①十二ト (6)
22	**当該中小企業者の株式等について12①の認定（十一号及び十三号事由に限る）に係る贈与をした者でないこと**	☐	☐	6①十二ト (7)
	E その他			
23	当該中小企業者の代表者が相続等により取得した当該中小企業者の株式等に係る相続税を納付することが見込まれること	☐	☐	6①十二柱書
24	当該中小企業者の株式等は、認定申請書提出時において当該相続等に係る共同相続人又は包括受遺者によって分割されていること	☐	☐	6①十二柱書

注1　当該中小企業者（又はその支配会社）が直接保有している特別子会社が外国会社である場合には5人以上
注2　相続開始時以後のいずれかの時において当該中小企業者が合併により消滅した場合、又は株式交換等により他の会社の株式交換完全子会社等となった場合には、当該合併に際して交付された吸収合併存続会社等の株式等、又は当該株式交換等に際して交付された株式交換完全親会社等の株式等
注3　被相続人が相続開始直前において当該中小企業者の代表者でない場合には、当該被相続人が当該代表者であった期間内のいずれかの時及び当該相続開始の直前

　特例相続の話が図33で、これもほとんど変わりません。図33の13番のところ、こちらも同じですね。相続の場合も一応代表者っていうか、相続人の場合は受ける側、複数、2人、3人でもOKとなりましたので、先ほどの贈与の場合と同じ規定がされていると。それから被相続人の要件も同じです。

図34) 円滑化法 経営者以外からの特例贈与の認定要件

経済産業大臣の認定（特例贈与）（経営者以外からの贈与）

No.	内容	Yes	No	根拠条文
A	当該中小企業者の属性			
1	贈与時以後において上場会社等でないこと	☐	☐	6①十三イ
2	贈与時以後において風俗営業会社でないこと	☐	☐	6①十三イ
3	贈与の直前事業年度開始日以後において資産保有型会社でないこと	☐	☐	6①十三ロ
4	**第二種特例**贈与認定申請基準事業年度においていずれも資産運用型会社でないこと	☐	☐	6①十三ハ
5	**第二種特例**贈与認定申請基準事業年度においていずれも総収入金額>0	☐	☐	6①十三ニ
6	贈与時において常時使用従業員数≧1（注1）	☐	☐	6①十三ホ
7	会社法108①八に掲げる事項についての定めがある種類の株式を発行している場合には、当該贈与時以後において当該株式を当該中小企業者の代表者（**第一種特例**受、**第一種特例**相、**第二種特例**受、**第二種特例**受となる者、**第二種特例**相、**第二種特**例相となる者に限る）以外の者が有していないこと	☐	☐	6①十三リ
8	**12①の認定（十一号又は十二号事由に限る）を受けている**こと	☐	☐	6①十三ヌ
B	当該中小企業者の特定特別子会社の属性			
9	贈与時以後において上場会社等でないこと	☐	☐	6①十三ヘ
10	贈与時以後において大会社でないこと	☐	☐	6①十三ヘ
11	贈与時以後において風俗営業会社でないこと	☐	☐	6①十三ヘ
C	当該中小企業者の代表者（**第二種特例**経営承継受贈者）の要件			
12	贈与時以後において（代表権を制限されていない）代表者であること	☐	☐	6①十三柱書、ト(1)

No.	内容	Yes	No	根拠条文
13	贈与時において当該代表者（同族関係者含む）の議決権数＞総株主等議決権数×50％	☐	☐	6①十三ト(1)
14	次に掲げる場合の区分に応じ、それぞれに定める要件を満たすこと			
	①代表者が一人の場合：贈与時において当該代表者の議決権数≧いずれの同族関係者の議決権数	☐	☐	
	②代表者が二人又は三人の場合：贈与時において当該代表者の議決権数≧10％、かつ、≧いずれの同族関係者（当該代表者以外の第一種特例受、第一種特例相、第二種特例受、第二種特例受となる者、第二種特例相、第二種特例相となる者を除く）の議決権数	☐	☐	6①十三ト(1)
15	贈与日において20歳以上であること	☐	☐	6①十三ト(2)
16	贈与日まで引き続き3年以上当該中小企業者の役員であること	☐	☐	6①十三ト(3)
17	贈与時以後において贈与により取得した当該中小企業者の株式等（注2）のうち措法70の7の5①の規定の適用を受けようとする株式等の全部を有していること	☐	☐	6①十三ト(4)
18	**贈与により株式等を取得した代表者が、当該中小企業者の株式等につき12①の認定（七号又は九号事由に限る）に係る贈与を受けた者又は12①の認定（八号又は十号事由に限る）に係る相続又は遺贈を受けた者でないこと**	☐	☐	6①十三ト(5)
19	17①一の確認を受けた特例後継者（16①一ロ）であること	☐	☐	6①十三ト(6)
20	**贈与時において当該代表者が当該中小企業者の株式等について12①の認定（十一号事由に限る）に係る贈与（第一種特例経営承継贈与）又は12①の認定（十二号事由に限る）に係る相続（第一種経営承継相続）を受けた者であること**	☐	☐	6①十三ヌ
D	贈与者の要件			
21	贈与時前において、当該中小企業者の代表者でないこと	☐	☐	6①十三ト(7)
22	**当該中小企業者の株式等について既に12①の認定（十一号及び十三号事由に限る）に係る贈与をしたことがないこと**	☐	☐	6①十三ト(7)

No.	内容	Yes	No	根拠条文
E	**贈与の要件**			
23	次に掲げる場合の区分に応じ、それぞれに定める贈与であること	☐	☐	
	①第二種特例受が一人：次に掲げる場合の区分に応じそれぞれの定める贈与	☐	☐	
	ア 贈与直前の贈与者の保有株式等（注3）≧発行済株式数（注3）×2／3－当該代表者（**第二種特例**受）の保有株式等（注3）→当該控除した残数以上の数に相当する株式等の贈与	☐	☐	6①十三チ
	イ 贈与直前の贈与者の保有株式等（注3）＜発行済株式数（注3）×2／3－当該代表者（**第二種特例**受）の保有株式等（注3）→贈与者の保有株式等のすべての贈与	☐	☐	
	②第二種特例受が二人又は三人：いずれの第二種特例受の保有株式等≧発行済株式等×10％、かつ、＞第二種特例贈の保有株式等となる贈与	☐	☐	
F	**その他**			
24	当該中小企業者の代表者が贈与により取得した当該中小企業者の株式等に係る贈与税を納付することが見込まれること	☐	☐	6①十三柱書
25	**贈与税申告期限が、当該中小企業者に係る12①の認定（十一号又は十二号事由に限る）の有効期限までに到来するものに限る**	☐	☐	6①十三柱書

注1 当該中小企業者（又はその支配会社）が直接保有している特別子会社が外国会社である場合には5人以上
注2 贈与時以後のいずれかの時において当該中小企業者が合併により消滅した場合、又は株式交換完全子会社等となった場合には、当該合併に際して交付された吸収合併存続会社等の株式等、又は当該株式交換等に際して交付された株式交換完全親会社等の株式等
注3 議決権制限株式を除く

　ということで、それから、図34以降で、特例を受ける場合で、なおかつ第二種、先代経営者以外の者から贈与（図34）なり相続（図35）を受ける場合というのがありますが、基本同じですので、興味のある方は見ておいてください。

図35) 円滑化法 経営者以外からの特別相続の認定要件

経済産業大臣の認定（特別相続）（経営者以外からの相続）

No.	内容	Yes	No	根拠条文
A	当該中小企業者の属性			
1	相続開始時以後において上場会社等でないこと	☐	☐	6①十四イ
2	相続開始時以後において風俗営業会社でないこと	☐	☐	6①十四イ
3	相続開始の直前事業年度開始日以後において資産保有型会社でないこと	☐	☐	6①十四ロ
4	**第二種特例**相続認定申請基準事業年度においていずれも資産運用型会社でないこと	☐	☐	6①十四ハ
5	**第二種特例**相続認定申請基準事業年度においていずれも総収入金額＞0	☐	☐	6①十四ニ
6	贈与時において常時使用従業員数≧1（注1）	☐	☐	6①十四ホ
7	会社法108①八に掲げる事項についての定めがある種類の株式を発行している場合には、当該相続開始時以後において当該株式を当該中小企業者の代表者（**第一種特例**受、**第一種特例**相、**第二種特例**受、**第二種特例**受となる者、**第二種特例**相、**第二種特例**相となる者に限る）以外の者が有していないこと	☐	☐	6①十四チ
8	**12①の認定（十一号又は十二号事由に限る）を受けていること**	☐	☐	6①十四リ
B	当該中小企業者の特定特別子会社の属性			
9	相続開始時以後において上場会社等でないこと	☐	☐	6①十四ヘ
10	相続開始時以後において大会社でないこと	☐	☐	6①十四ヘ
11	相続開始時以後において風俗営業会社でないこと	☐	☐	6①十四ヘ

No.	内容	Yes	No	根拠条文
C	当該中小企業者の代表者（**第二種特例**経営承継受贈者）の要件			
11	相続開始日の翌日から5月経過日以後において（代表権を制限されていない）代表者であること	☐	☐	6①十四柱書、ト(1)
12	相続開始時において当該代表者（同族関係者含む）の議決権数＞総株主等議決権数×50%	☐	☐	6①十四ト(1)
13	次に掲げる場合の区分に応じ、それぞれに定める要件を満たすこと			
	①代表者が一人の場合：相続開始時において当該代表者の議決権数≧いずれの同族関係者の議決権数	☐	☐	
	②代表者が二人又は三人の場合：相続開始時において当該代表者の議決権≧10%、かつ、≧いずれの同族関係者（当該代表者以外の第一種特例受、第一種特例相、第二種特例受、第二種特例受となる者、第二種特例相、第二種特例相となる者を除く）の議決権数	☐	☐	6①十四ト(1)
14	相続開始直前において役員であること（当該代表者の被相続人が60歳未満で死亡した場合を除く）	☐	☐	6①十四ト(2)
15	相続開始時以後において相続等により取得した当該中小企業者の株式等（注2）のうち措法70の7の6①の規定の適用を受けようとする株式等の全部を有していること	☐	☐	6①十四ト(3)
16	**相続等により株式等を取得した代表者が、当該中小企業者の株式等につき12①の認定（七号又は九号事由に限る）に係る贈与を受けた者又は12①の認定（八号又は十号事由に限る）に係る相続又は遺贈を受けた者でないこと**	☐	☐	6①十四ト(4)
17	**相続開始時において当該代表者が当該中小企業者の株式等について12①の認定（十一号事由に限る）に係る贈与（第一種特例経営承継贈与）又は12①の認定（十二号事由に限る）に係る相続（第一種経営承継相続）を受けた者であること**	☐	☐	6①十四リ
D	被相続人の要件			
	特になし			

[54]

No.	内容	Yes	No	根拠条文
E	**その他**			
18	当該中小企業者の代表者が相続等により取得した当該中小企業者の株式等に係る相続税を納付することが見込まれること	☐	☐	6①十四柱書
19	当該中小企業者の株式等は、認定申請書提出時において当該相続等に係る共同相続人又は包括受遺者によって分割されていること	☐	☐	6①十四柱書
20	**相続税申告期限が、当該中小企業者に係る12①の認定（十一号又は十二号事由に限る）の有効期限までに到来するものに限る**	☐	☐	6①十四柱書

注1　当該中小企業者（又はその支配会社）が直接保有している特別子会社が外国会社である場合には5人以上

注2　相続開始時以後のいずれかの時において当該中小企業者が合併により消滅した場合、又は株式交換等により他の会社の株式交換完全子会社等となった場合には、当該合併に際して交付された吸収合併存続会社等の株式等、又は当該株式交換等に際して交付された株式交換完全親会社等の株式等

[第4節] **切替確認**

図36) 円滑化法 贈与から相続への切り替え①

経済産業大臣の認定（贈与→相続）

No.	内容	Yes	No	根拠条文
A	当該中小企業者の属性			
1	－			13①一
2	相続開始時において上場会社等でないこと（注1）	☐	☐	13①七
3	相続開始時において風俗営業会社でないこと	☐	☐	13①二
4	相続開始時において資産保有型会社でないこと	☐	☐	13①三
5	相続開始日の翌日の属する直前事業年度において資産運用型会社でないこと	☐	☐	13①四
6	相続開始日の翌日の属する直前事業年度において総収入金額>0	☐	☐	13①五
7	相続開始時において常時使用従業員数≧1（注2）	☐	☐	13①六
8	会社法108①八に掲げる事項についての定めがある種類の株式を発行している場合には、当該相続開始時以後において当該株式を当該中小企業者の**第一種**受以外の者が有していないこと	☐	☐	13①九
B	当該中小企業者の特定特別子会社の属性			
9	相続開始時以後において上場会社等でないこと（注1）	☐	☐	13①七
10	相続開始時以後において風俗営業会社でないこと	☐	☐	13①二
C	**第一種**経営承継受贈者の要件			13①八
11	（代表権を制限されていない）代表者であること	☐	☐	13①八
12	相続開始時において当該代表者（同族関係者含む）の議決権数>総株主等議決権数×50%	☐	☐	13①八
13	相続開始時において当該代表者の議決権数≧いずれの同族関係者の議決権数	☐	☐	13①八

図36、これは何が書いてあるかというと、切り替えです。生前贈与を受け、納税猶予を受けていました。その贈与者が相続発生しましたといったときには、贈与から相続に切り替えるという話が出てきます。その切り替えるときには、円滑化法上、確認を受けておかないといけませんという話です。これが図36。

贈与から相続に切り替えるときの確認を受けるための要件としては、図36に書いてあるものがあります。実はここのところは、たしか平成29年度改正で一部改正が入っています。以前は切り替え時点で、例えば要は対象会社が中小企業者でなければいけない。それからその特定特別子会社も中小企業者でなければいけないという。その中小企業者の要件が従来あったのですが、たしか平成29年度改正で、その要件ははずれています。

Aのところには一応中小企業者の属性ということで、中小企業者という言葉が書いてありますが、これは誤解しないでください。これは切り替え時点では、平成29年度改正後は中小企業者の要件は不要と。

Bの特定特別子会社を見ていただくと、上場だめ、風俗だめというのがありますが、大会社だめというのは書いてありません。本体も、それから子会社のほうも中小企業者でなければいけないという要件が今はないということです。それから上場会社ですね。上場会社でないことという要件が、Aの2番、それからBの9番。いずれにも書いてありますが、これには注1があります。

図37) 円滑化法 贈与から相続への切り替え②

注1　**第一種**特別贈与認定中小企業者であった者の**第一種**経営承継贈与者の相続が開始した場合を除く
注2　当該中小企業者（又はその支配会社）が直接保有している特別子会社が外国会社である場合には5人以上

ちょっと注1を見てください。図37ですね。

注1を見ると、第一種特別贈与認定中小企業者であった者の第一種経営承継贈与者の相続が開始した場合を除くと。これは何が書いてあるかというと、ポイントは最初のところ。第一種特別贈与認定中小企業者であった者、と過去形になっていますよね。今回見ているのは円滑化法です。円滑化法は有効期限が要は5年間です。この第一種特別贈与認定中小企業者であった者というのは、要は有効期限が切れちゃった、要す

第1章　事業承継自社株納税猶予（円滑化法）　　　[57]

るに5年を過ぎているということです。

　つまり5年過ぎて、贈与者に相続が発生しているというのが、この注1の意味する
ところです。もう既に5年過ぎちゃっているのであれば、この上場会社でないことと
いう要件は不要になります。注1を最後見ていただくと、中小企業者であった者の相
続が、贈与者の相続が開始した場合を除くと書いてありますから、要は5年経ってい
るのであれば、この上場会社でないという要件も不要になります。

　その代わり、5年以内で贈与から相続に切り替えるといった場合には、上場会社で
はないという要件が必要になってきますが、5年過ぎていれば、この要件も要らなく
なるということです。それ以外は、先ほどから見ている内容がいろいろ書いてあると
いうぐらいです。

[第5節]　**計画確認**

図38)　円滑化法 特例承継計画の確認

特例承継計画の確認

No.	内容	Yes	No	根拠条文
1	会社であること	☐	☐	16一イ
2	次に掲げるいずれかの者（特例後継者）がいること			
	①代表者（代表者であった者を含む）が死亡又は退任した場合における新たな代表者の候補者であって、当該代表者から相続若しくは遺贈又は贈与により当該代表者が有する当該中小企業者の株式等を取得することが見込まれるもの	☐	☐	16一ロ
	②代表者であって、当該中小企業者の他の代表者（代表者であった者を含む）から相続若しくは遺贈又は贈与により当該中小企業者の株式等を取得することが見込まれるもの	☐	☐	
3	次に掲げるいずれかの者（特例代表者）がいること	☐	☐	
	①代表者（2①の代表者又は②の他の代表者に限り、代表権を制限されている者を除く、この号において同じ）	☐	☐	16一ハ
	②代表者であった者	☐	☐	
4	特例代表者が有する当該中小企業者の株式等を特例後継者が取得するまでの期間における経営に関する具体的な計画を有していること	☐	☐	16一ニ
5	特例後継者が当該中小企業者の特例代表者から株式等を承継した後5年間の経営に関する具体的な計画を有していること	☐	☐	16一ホ
6	認定経営革新等支援機関の指導及び助言を受けていること	☐	☐	16一柱書

第1章　事業承継自社株納税猶予（円滑化法）

それから図38に進んで、特例承継計画の確認ということで、これが今回新しく入ってきたものになります。

全部で1番から6番まであるということで、まずは会社であること。それから2番が今度後継者ですね。次のいずれかに該当する特例後継者が要ることということで、①はまだ代表者になってない、これから代表者になる者ですね。②のほうは既に代表者になっているケースです。それから3番が今度はあげるほうです。特例代表者のほうですね。これは2番の①、②とパラレルになっています。それから4番、5番。4番はバトンタッチするまで、株を後継者が取得するまでの期間における、経営に関する具体的な計画が何かありますかというのが4番。それから、バトンタッチしたあとですね。バトンタッチしたあと、向こう5年間の経営に関する具体的な計画を有していますかという話ですね。具体的な記載内容は、今、中小企業庁のホームページで記載例が出ています。すべて3種類ぐらい、業種によって、それから相続なのか贈与なのかで、3つのうち2つは既に出ていたと思います。そちらを具体的な記載の仕方は参考にしていただければと思います。一番下ですね。認定支援機関の指導、助言を受けているということですね。

以上が確認の話です。

［第6節］ 取消事由

図39) 円滑化法 贈与の取消事由①

No.	認定の取消事由	根拠条文
1	**第一種**受が死亡したこと	9②一
2	**第一種**受が代表者を退任したこと（代表権を制限されたことを含む）	9②二
3	**第一種**贈与雇用判定期間内（又は**第一種**臨時贈与雇用判定期間内）に存する**第一種**贈与報告基準日におけるそれぞれの常時使用従業員数の合計／**第一種**贈与雇用判定期間内（又は**第一種**臨時贈与雇用判定期間内）に存する**第一種**贈与報告基準日の数＜贈与時常時使用従業員数×80％（一未満端数切り捨て）（**第一種**贈与雇用判定期間又は**第一種**臨時贈与雇用判定期間の末日時点）(注1)(注2)	9②三
4	（**第一種**受＋同族関係者）の議決権数合計≦総株主等議決権数×50％（注3）	9②四
5	**第一種**受の同族関係者のいずれかの者の議決権数＞**第一種**受の議決権数（注3）	9②五
6	贈与により取得した株式（措法70の7①の規定の適用を受けている（受けようとする）又は70の7の4①の規定の適用を受けているものに限る）の全部又は一部の種類を株主総会において議決権を行使することができる事項につき制限のある種類の株式に変更したこと（株式会社）	9②六
7	**第一種**受が有する議決権を制限する旨の定款の変更をしたこと（持分会社）	9②七
8	贈与により取得した株式（措法70の7①の規定の適用を受けている（受けようとする）又は70の7の4①の規定の適用を受けているもの（**第一種認定贈与株式**）に限る）の全部又は一部を譲渡したこと（分割型分割をしたことを含む）(注4)	9②八
9	会社法108①八に掲げる事項についての定めがある種類の株式を発行している場合には、当該株式を**第一種**受以外の者が有することとなったこと	9②九
10	解散（合併による解散を除き、みなし解散を含む）したこと	9②十
11	上場会社等又は風俗営業会社に該当したこと	9②十一

それから図39。図39以降は、取消事由が書いてあります。どういった場合に認定の取り消しを受けるかという取消要件です。

　冒頭でも少しふれましたが、要は、税務でいうところの納税猶予が確定してしまうケースですね。それを図39、図40は贈与、それから図41は相続に分けて書いてあります。

　注意するのは、これはいわゆる一般のほうです。一般のほうの認定の取消要件ということになっています。例えば贈与の場合ですと、受贈者が死亡したことですね。これも一応取消事由になっています。それから代表者が退任するとか、あと3番ですね。3番がいわゆる雇用の維持ができなかった場合です。あとは、4番以降は見ていただければわかると思います。先ほどいろいろ認定の入り口の要件をお話ししましたが、その要件を満たされなくなったと考えていただければ、わかりやすいかもしれません。あと例えば8番ですね。8番を見ていただくと、持っていた株を一部ないし全部譲渡しちゃった。分割型分割はだめですからね。分割型分割も認定の取消事由になります。分割型分割というのは株の一部を売却という捉え方になりますので、分社型は別に問題ないですが、分割型はだめです。

[62]

図40) 円滑化法 贈与の取消事由②

No.	認定の取消事由	根拠条文
12	資産保有型会社 (注5) に該当したこと	9②十二
13	**第一種**贈与認定申請基準日の属する事業年度以後のいずれかの事業年度において、資産運用型会社 (注5) に該当したこと	9②十三
14	**第一種**贈与認定申請基準日の属する事業年度以後のいずれかの事業年度において、総収入金額 (営業外収益、特別利益を除く) がゼロであったこと	9②十四
15	特定特別子会社が風俗営業会社に該当したこと	9②十五
16	12①⑤⑪の報告をせず、又は虚偽の報告をしたこと	9②十六
17	偽りその他不正の手段により認定を受けたこと	9②十七
18	会社法447①・626①の規定により資本金の額を減少したこと (減少する資本金の額の全部を準備金とする場合並びに会社法309②九イ及びロに該当する場合を除く)	9②十八
19	会社法448①の規定により準備金の額を減少したこと (減少する準備金の額の全部を資本金とする場合並びに会社法449①ただし書きに該当する場合を除く)	9②十九
20	組織変更をした場合で、組織変更に際して株式等以外の財産が交付されたこと	9②二十
21	**第一種**贈が代表者となったこと	9②二十一
22	認定の有効期限までに**第一種**贈の相続が開始した場合で、13①の確認を受けていないこと	9②二十二
23	認定取り消しの申請があったこと	9②二十三

注1 **第一種**贈与雇用判定期間
第一種経営承継受贈者の贈与税申告期限の翌日から認定の有効期限までの期間
注2 **第一種**臨時贈与雇用判定期間
第一種経営承継受贈者の贈与税申告期限の翌日から認定の有効期限までの期間内に**第一種**経営承継受贈者又は**第一種**経営承継贈与者の相続が開始した場合 (**第一種**経営承継贈与者の相続が開始した場合にあっては、当該相続開始日の翌日から8月経過日までに13②に規定する申請書を都道府県知事に提出し、かつ、13①の確認を受けた場合を除く) における当該贈与税申告期限の翌日から当該相続開始日の前日までの期間
注3 **第一種**特別贈与認定株式一部再贈与について12㉛に基づく都道府県知事の確認を受けた場合を除く
注4 **第一種**経営承継受贈者が代表者を退任した場合 (9⑩各号のいずれかに該当するに至った場合に限る) において、**第一種**経営承継贈与者が**第一種**認定贈与株式の一部について認定に係る贈与 (**第一種**特別贈与認定株式一部再贈与) をしたことについて、12㉛に基づく都道府県知事の確認を受けたときを除く
注5 6②一、二のいずれにも該当する特別子会社であって、同項三イからハまでに掲げるいずれかの業務をしているものの株式を特定資産から除いた場合であっても資産保有／運用型会社に該当する会社に限り、同項一、二のいずれにも該当する会社であって、同項三イからハまでに掲げるいずれかの業務をしているものを除く

第1章　事業承継自社株納税猶予 (円滑化法)

あとは、図40のほうへいくと、資産保有型会社に該当するとか、運用型会社に該当するとか、そういったことも取消事由になります。あと18番、19番ですね。これは減資の話です。減資あるいは減準備金ですね。これも基本的には取消事由に該当しますが、該当してこないケースは括弧書きに書いてあります。減資といった場合には、要は資本金を減らすということですが、資本金を減らして全部資本準備金に振り替えるのであれば、別に問題ありません。問題が出てくるのは、いわゆるその他資本剰余金ですね。その他資本剰余金、拘束が解けるのが問題だということだと思います。あとは欠損填補ですね。欠損填補による減資であればいいとなっています。それから21番。これは、第一種贈と書いてありますが、いわゆる贈与者ですね。贈与者が代表者に復帰する場合。そうすると取消事由になりますよということです。それから、先ほどもちょっとふれました生前贈与を受けていて、相続に切り替わったときに確認を受けていませんという場合。そうするとやっぱり取消事由になりますよということです。

図41）円滑化法 相続の取消事由

No.	認定の取消事由	根拠条文
1	**第一種**相が死亡したこと	9③一
2	**第一種**相が代表者を退任したこと（代表権を制限されたことを含む）	9③二
3	**第一種**相続雇用判定期間内に存する**第一種**相続報告基準日におけるそれぞれの常時使用従業員数の合計／**第一種**相続雇用判定期間内に存する**第一種**相続報告基準日の数＜相続開始時常時使用従業員数×80％（一未満端数切り捨て）（**第一種**相続雇用判定期間の末日時点）（注1）	9③三
4	（**第一種**相＋同族関係者）の議決権数合計≦総株主等議決権数×50％（注2）	9③四
5	**第一種**相の同族関係者のいずれかの者の議決権数＞**第一種**受の議決権数（注2）	9③五
6	相続等により取得した株式（措法70の7の2①の規定の適用を受けている（受けようとする）ものに限る）の全部又は一部の種類を株主総会において議決権を行使することができる事項につき制限のある種類の株式に変更したこと（株式会社）	9③六
7	**第一種**相が有する議決権を制限する旨の定款の変更をしたこと（持分会社）	9③七

No.	認定の取消事由	根拠条文
8	相続等により取得した株式（措法70の7の2①の規定の適用を受けている（受けようとする）もの（**第一種**認定相続株式）に限る）の全部又は一部を譲渡したこと（分割型分割をしたことを含む）（注3）	9③八
9	会社法108①八に掲げる事項についての定めがある種類の株式を発行している場合には、当該株式を**第一種**相以外の者が有することとなったこと	9③九
10	解散（合併による解散を除き、みなし解散を含む）したこと	9③十
11	上場会社等又は風俗営業会社に該当したこと	9③十一
12	資産保有型会社（注4）に該当したこと	9③十二
13	**第一種**相続認定申請基準日の属する事業年度以後のいずれかの事業年度において、資産運用型会社（注4）に該当したこと	9③十三
14	**第一種**相続認定申請基準日の属する事業年度以後のいずれかの事業年度において、総収入金額（営業外収益、特別利益を除く）がゼロであったこと	9③十四
15	特定特別子会社が風俗営業会社に該当したこと	9③十五
16	12③⑦の報告をせず、又は虚偽の報告をしたこと	9③十六
17	偽りその他不正の手段により認定を受けたこと	9③十七
18	会社法447①・626①の規定により資本金の額を減少したこと（減少する資本金の額の全部を準備金とする場合並びに会社法309②カイ及びロに該当する場合を除く）	9③十八
19	会社法448①の規定により準備金の額を減少したこと（減少する準備金の額の全部を資本金とする場合並びに会社法449①ただし書きに該当する場合を除く）	9③十九
20	組織変更をした場合で、組織変更に際して株式等以外の財産が交付されたこと	9③二十
21	認定取り消しの申請があったこと	9③二十一

注1 **第一種**相続雇用判定期間
　　第一種経営承継相続人の相続税申告期限の翌日から認定の有効期限までの期間
注2 **第一種**特別相続認定株式一部贈与について12㉛に基づく都道府県知事の確認を受けた場合を除く
注3 **第一種**経営承継相続人が代表者を退任した場合（9⑩各号のいずれかに該当するに至った場合に限る）において、**第一種**認定相続株式の一部について認定に係る贈与（**第一種**特別相続認定株式一部贈与）をしたことについて、12㉛に基づく都道府県知事の確認を受けたときを除く
注4 6②一、二のいずれにも該当する特別子会社であって、同項三イからハまでに掲げるいずれかの業務をしているものの株式を特定資産から除いた場合であっても資産保有／運用型会社に該当する会社に限り、同項一、二のいずれにも該当する会社であって、同項三イからハまでに掲げるいずれかの業務をしているものを除く

同じく、相続の場合の取消事由が図41に書いてあります。

番号だけ見ればいいのですが、贈与は23項が書いてあります。それから相続は21項です。2つ違いますよね。2つ違うというのは、これは、要は贈与固有のものが2つ、贈与の場合は余計にあるということです。

その贈与固有の要件というのが図40の、21番と22番です。贈与者が代表者に復帰したとか、あるいは贈与から相続に切り替えるときに確認を受けてないと。これは贈与だけしか出てきません。

それ以外は逆にいうと、贈与も相続も共通です。先ほど、これは一般、従来でいうところの一般の取消事由だという話をしました。特例はほとんど変わりません。変わるのは、例えば図39、贈与の要件でいうと3番目ですね。雇用維持。一般のほうは取消事由に該当しますが、特例のほうは、はずしてあります。それはそうですよね。それが今回の大改正の一番の目玉ですから、特例のほうは、この要件は取消事由には該当しないようにしてあります。

ということで、今回の話は以上で終わりたいと思います。冒頭でも申し上げたとおり、今回は円滑化法の話をしたので、どこかのタイミングで税務の話もやろうかと思います。では今回の話はこれで終わりにしたいと思います。

第2章

事業承継
自社株納税猶予
（税法）

第1節　要件

第2節　納税猶予

第3節　確定事由

第4節　免除事由

第5節　精算課税とみなし相続

第6節　手続

第7節　用語

第8節　判定方法

辻・本郷 税理士法人　審理室長・税理士　　安積 健

ここでは事業承継税制、自社株の納税猶予を取り上げたいと思います。第1章で円滑化法を見ましたので、今回は税務のほうを見ていきたいと思います。

［第1節］ **要件**

　それでははじめに、入り口の要件です。それを確認していきたいと思います。

図1)　自社株納税猶予 贈与の概略

＜贈与＞

【要件】	
①	特例贈与者（D）から特例経営承継受贈者（C）が特例認定贈与承継会社（A）の非上場株式等（注）を贈与（E）により取得すること
②	期限内申告をすること
③	申告書に適用を受けようとする旨を記載すること
④	申告期限までに猶予税額相当の担保を提供すること
⑤	申告書に非上場株式等の明細及び猶予税額の計算に関する明細その他一定の事項を記載した書類を添付すること

注：非上場株式等

議決権に制限のないものに限る

　図1、まずは贈与からです。図1に概略が書いてあります。①のところです。特例贈与者から特例受贈者が、特例承継会社の株を贈与により取得するということになっています。それぞれこのあと、その特例贈与者、あるいはその特例受贈者、あるいはその特例承継会社、あるいは贈与、それぞれどういうものが要件として必要なのか見ていきます。それ以外で、②から⑤に掲げる要件が必要になってくるということになります。

[68]

図2)　自社株納税猶予 特例承継会社贈与の要件①

A	特例認定贈与承継会社
1	贈与時において会社の株式等が、非上場株式等であること
2	贈与時において風俗営業会社でないこと
3	贈与時において資産保有型会社のうち一定のもの（注1）でないこと
4	贈与時において資産運用型会社のうち一定のもの（注1）でないこと
5	贈与日の属する事業年度の直前事業年度（注2）の総収入金額＞0
6	贈与時において常時使用従業員数≧1（注3）
7	贈与時において会社が発行する黄金株を一定の者（注4）以外の者が有していないこと
8	中小企業者（円滑化法2）であること
9	特例円滑化法認定（円滑化省令6①十一又は十三）を受けた会社であること
B	特定特別関係会社
10	贈与時において特定特別関係会社の株式等が、非上場株式等であること
11	贈与時において中小企業者（円滑化法2）であること（外国会社を除く）
12	贈与時において風俗営業会社でないこと

　まずは図2、特例承継会社の要件です。

　ここに書いてある1から9までということになります。前にも円滑化法のところで
も話したかもしれませんが、基本的には通常動いている会社であれば、ほとんど問題
なくクリアすると思います。一応ざっと上から見ていきますと、まず1番目が非上場
株式であること。それから風俗営業会社でないこと。それから3、4はちょっと飛ば
して、あとで説明します。5番は収入があるということですね。それから6番が、常
時使用従業員数が1人以上とあります。

図3)　　自社株納税猶予 特例承継会社贈与の要件③

注2：直前事業年度

贈与日が贈与日の属する事業年度の末日である場合には、贈与日の属する事業年度及び当該事業年度の直前事業年度

注3：常時使用従業員数

贈与時において、会社の特別関係会社が外国会社に該当する場合（会社又は支配関係法人が特別関係会社の株式等を有する場合に限る）には、会社の常時使用従業員の数が5人以上であること

注4：一定の者

次に掲げる者
ア　70の7の5①、70の7の6①、70の7の8①の規定の適用を受けている者
イ　先代経営者から70の7の5①の規定の適用に係る贈与により特例認定贈与承継会社の非上場株式等の取得をしている者（アに掲げる者を除く）
ウ　令40の8の6①一に定める者から70の7の6①の規定の適用に係る相続等により特例認定贈与承継会社の非上場株式等の取得をしている者（アに掲げる者を除く）

　これは注の3と書いてあって、図3に飛んで見ると、図3の注の3のところに、基本的には1人以上でいいのですけども、一定の場合には5人以上必要だということになります。その一定の場合というのは、図3の注の3のところに書いてある場合になります。これについては、のちほど、ここだけピックアップしてふれていきたいと思います。とりあえず、基本的には1人でいいけど、5人以上必要な場合もあるということです。

　それから図2に戻って、7番ですね。黄金株を一定の者以外の者が有していないこと。一定の者については、注の4のところに書いておきましたけど、基本的には後継者です。後継者以外の者が有していないということです。それから8番、円滑化法上の中小企業者であること。それから、前回少し話をしました、円滑化法での認定を受けていること。

　先ほど飛ばした、3番、4番については、資産保有型会社あるいは資産運用型会社のうち、一定のものでないこと。資産保有型会社、資産運用型会社の定義は、第1章円滑化法のところで説明したものと同じなので、今回は省略しますけれども、資産保有

[70]

型会社あるいは資産運用型会社に該当した場合、それで納税猶予を受けられないかというと、そうでもありません。ここに書いてあるとおり、資産保有型会社あるいは資産運用型会社に該当しても、そのうち一定のものに該当しなければ納税猶予を受けられます。ではその資産保有型会社、資産運用型会社になった場合で適用が受けられないケース、それがどういう場合かというと注の1で、次の図4です。

図4) 自社株納税猶予 特例承継会社贈与の要件②

注1：資産保有型会社又は資産運用型会社のうち一定のもの（※）

資産保有型会社又は資産運用型会社（資産保有型会社等）のうち、次に掲げる要件のすべてに該当するもの
ア 資産保有型会社等の特定資産から資産保有型会社等が有するその特別関係会社で次に掲げる要件のすべてを満たすものの株式等を除いた場合であっても、資産保有型会社等が資産保有型会社又は資産運用型会社に該当すること
a 特別関係会社が贈与日まで引き続き3年以上にわたり、商品の販売等を行っていること b 贈与時において特別関係会社の常時使用従業員の数が5人以上であること c 贈与時において特別関係会社が、常時使用従業員が勤務している事務所等を所有し、又は賃借していること
イ 資産保有型会社等が、次に掲げる要件のすべてを満たす資産保有型会社又は資産運用型会社でないこと
a 資産保有型会社等が贈与日まで引き続き3年以上にわたり、商品の販売等を行っていること b 贈与時において資産保有型会社等の常時使用従業員の数が5人以上であること c 贈与時において資産保有型会社等が、常時使用従業員が勤務している事務所等を所有し、又は賃借していること

注：平成27年以降は、商品の販売等のうち、資産の貸付け及び常時使用従業員について、改正あり

※対象会社自身が資産保有型会社等であっても事業実体がある会社か、あるいは事業実体のある子会社を除外すると対象会社自身が資産保有型会社等に該当しないかのいずれか

図4です。ここに書いてあるとおり、適用ができないケースっていうのは、資産保有型会社あるいは資産運用型会社に該当した会社のうち、次に掲げる要件のすべてに該当するものです。アとイの2つありますが、適用ができないのは資産保有型会社あるいは資産運用型会社に該当して、なおかつアとイ、この2つに該当してしまうケー

スになります。

　まずはアのほうです。資産保有型会社あるいは資産運用型会社の特定資産から、資産保有型会社または資産運用型会社が有する、いわゆる特別関係会社、端的にいうと、子会社と考えていただければいいと思いますけれども、子会社で、次に掲げる要件のすべてを満たすものの株式を除いたとしても、なおかつ適用を受けようとする会社が資産保有型会社あるいは資産運用型会社に該当してしまいます。その次に掲げる要件というのは、a、b、cとあります。簡単にいうと、実態基準を満たすということです。その適用を受けようとする会社の子会社が、資産保有型会社あるいは資産運用型会社に該当するのだけれども、その子会社が実態要件も満たすと。その場合には、最初に第1段階で、資産保有型会社になるか、資産運用型会社になるか、その判定のときには、子会社がその資産保有型会社とか運用型会社になってしまうと、一旦分子に計上しなければいけないということです。それで判定すると、資産保有型会社あるいは運用型会社になってしまうと。

　第2段階として、その子会社が資産保有型会社あるいは運用型会社に該当するのだけれども、ここに書いてあるa、b、c、いわゆる実態要件を満たす場合には、それを分子から除いて、改めて割合を計算して、それでもなおかつ本体の会社が資産保有型とか運用型に該当してしまうと。それがアのケースです。

　なおかつ、イにも当てはまると。イについては、見てみると、資産保有型会社あるいは資産運用型会社が、次に掲げる要件のすべてを満たす資産保有型会社または資産運用型会社ではないこと。a、b、cは、アのところのa、b、cと全く同じです。要するにこれは、納税猶予を受けようとする会社自体が資産保有型会社あるいは資産運用型会社に該当するのだけれども、同時にこのa、b、c、つまり実態要件を満たす会社でない場合です。その場合になります。

　繰り返しますと、資産保有型会社あるいは資産運用型会社に一義的に該当する場合であっても、さらに第2段階の判定として、ここに書いてあるアあるいはイ、アとイ両方を満たしてしまうと、さすがにその場合には納税猶予を受けられない。逆にいうと、アかイかどちらか満たさなければ、資産保有型会社あるいは資産運用型会社に該当したとしても、例外的に納税猶予は受けられるということになります。

　結局どういう場合が納税猶予を受けられるかというと、この図4の一番下に書いてあるアスタリスクの部分です。対象会社自身が資産保有型会社あるいは資産運用型会

社に一義的な該当をするのだけれども、実態要件を満たすと。あるいは、子会社について、子会社が基本的には資産保有型会社あるいは運用型会社に該当するのだけれども、なおかつ実態要件を満たす子会社であると。その場合に分子からはずすと、本体が資産保有型会社あるいは運用型会社に該当してこなくなると。そのいずれかに該当する場合には、納税猶予が受けられるというかたちになります。

　そうしましたら、図2に戻って、Bのところの特定特別関係会社。この特定特別関係会社はどんな会社なのかというのはあとで出てきます。とりあえずここでは、納税猶予を受けようとする会社の関連会社という程度でよろしいかと思います。その特定特別関係会社が10、11、12の3つです。非上場会社である、それから円滑化法上の中小企業者である、それから風俗営業会社でないと。この3つの要件を満たす必要があるということになります。

図5) 自社株納税猶予 特例承継会社贈与の要件④

C	特例経営承継受贈者
13	特例贈与者から贈与により特例認定贈与承継会社の非上場株式等を取得した個人であること
14	贈与時において（制限が加えられていない）代表権を有していること
15	贈与時において、個人及びその特別関係者の有する特例認定贈与承継会社の非上場株式等に係る議決権数の合計が、総株主等議決権数の50％超であること
16	次に掲げる場合の区分に応じ、それぞれ次に定める要件を満たすこと

ア　個人が一人の場合は、次に掲げる要件を満たすこと

　　a　贈与時において、個人が有する特例認定贈与承継会社の非上場株式等に係る議決権数が、個人の特別関係者のうちいずれの者（注5）が有する議決権数をも下回らないこと

イ　個人が二人又は三人の場合は、次に掲げるすべての要件を満たすこと

　　a　贈与時において、個人が有する特例認定贈与承継会社の非上場株式等に係る議決権数が、総株主等議決権数の10％以上であること

　　b　贈与時において、個人が有する特例認定贈与承継会社の非上場株式等に係る議決権数が、個人の特別関係者のうちいずれの者（注5）が有する議決権数をも下回らないこと

それから図5に進んで、今度は特例受贈者です。株をもらう側ですね。

13番以降の要件、すべて満たさなければいけません。基本的には改正前と変わらないのですけれども、13番はいいとして14番です。贈与時点で代表権を有していると。それから15番は、受贈者プラスその特別関係者、同族関係者でもって、その対象会社の議決権を50％超、過半数持っていると。それから16番、ここのところは改正がされたということで、アかイか、いずれかの要件を満たすと。アの部分は、これは従来どおりですね。1人の場合には、従来どおり、このアに書いてあるのは、後継者以外の同族関係者の中で筆頭になっているということです。厳密には筆頭という表現はされていません。要は、後継者以外の同族関係者の保有する議決権数を下回らなければいいというようなかたちになっています。

改正で、後継者が1人だけではなくて2人ないしは3人でもいいということになっ

て、その場合にはイのところを満たさなくてはいけないと。2つあります。贈与後で10%以上、それぞれ持つということ。それからbのほうは同じです。2人ないしは3人という、その後継者以外の同族関係者の保有する議決権数を下回らなければいいということになります。

図6) 自社株納税猶予 特例承継会社贈与の要件⑤

17	贈与日において20歳以上であること
18	贈与日まで引き続き3年以上にわたり特例認定贈与承継会社の役員であること
19	贈与時から贈与税の申告期限（原則）まで引き続き贈与により取得した特例認定贈与承継会社の特例対象受贈非上場株式等のすべてを有していること
20	**当該特例認定贈与承継会社の非上場株式等について70の7①、70の7の2①又は70の7の4①の規定の適用を受けていないこと**
21	**円滑化省令17①一の確認を受けた特例認定贈与承継会社の特例後継者であること**
22	14から20の要件をすべて満たす者が2人又は3人以上ある場合には、特例認定贈与承継会社が定めた2人又は3人までの者に限ること

注5：いずれの者
当該個人以外の70の7の5①、70の7の6①又は70の7の8①の規定の適用を受ける者を除く

それから図6です。ここのところもほとんど改正前と同じです。

17番は年齢要件、それから18番は贈与前に継続して3年以上役員であること。それから19番、継続保有をすると。少なくとも申告期限までです。もちろん、申告期限後も継続して保有していかなければいけませんけれども、その話はまたあとでふれます。

改正で新しく加わっている部分が20番と21番になります。20番は要は一般措置ですね。特例を受けようとする後継者が、一般措置の適用を受けていないと。一般措置と特例措置は併存することはできませんので、一般措置を受けてないというのが、特例措置を受けることの前提条件になります。それから21番。こちらはいわゆる計画ですね。円滑化法で確認を受けた計画書に、後継者として載っているということです

ね。これが必要になってきます。

図7) 自社株納税猶予 特例承継会社贈与の要件⑥

D 特例贈与者

23　次の各号に掲げる場合の区分に応じ、当該各号に定める者

　ア　イに掲げる場合以外の場合で、次に掲げる要件のすべてを満たす者

　　　a　贈与時前において特例認定贈与承継会社の代表権を有していた個人であること

　　　b　贈与の直前（注6）において、個人及びその特別関係者の有する特例認定贈与承継会社の非上場株式等に係る議決権数の合計が、総株主等議決権数（注7）の50％超であること

　　　c　贈与の直前（注6）において、個人が有する特例認定贈与承継会社の非上場株式等に係る議決権数が、個人の特別関係者（特例経営承継受贈者となる者を除く）のうちいずれの者が有する議決権数をも下回らないこと

　　　d　贈与時において、個人が特例認定贈与承継会社の代表権を有していないこと

注6：贈与の直前

個人が贈与の直前において認定贈与承継会社の代表権を有しない場合には、個人が代表権を有していた期間内のいずれかの時及び贈与の直前

注7：総株主等議決権数

総株主（株主総会において決議をすることができる事項の全部につき議決権を行使することができない株主を除く）等の議決権数

　それから図7、今度はあげる側です。特例贈与者の要件、ここも基本は変わりません。変わっている部分は、アの部分はこれは前と変わらない部分です。いわゆる先代経営者に該当するケースです。アのところはa、b、c、dとあります。aは、過去どっかの時点で代表権を持っていたと、有していたと。bはその贈与者プラス同族関係者でもって、過半数の議決権を持っていると。それからcのところは、後継者を除いて同族内で筆頭であるということですね。あとdのところは、贈与時点で代表を降りているということです。ここは従来どおり。

> **図8）　自社株納税猶予 特例承継会社贈与の要件⑦**
>
> | 23 | イ | 70の7の5①の規定の適用に係る贈与の直前において、a〜cのいずれかに該当する者がある場合におけるd及びeの要件を満たす者 |
> |---|---|---|
> | | a | 当該特例認定贈与承継会社の非上場株式等について、70の7の5①、70の7の6①又は70の7の8①の規定の適用を受けている者であること |
> | | b | アに定める者から70の7の5①の規定の適用に係る贈与により当該特例認定贈与承継会社の非上場株式等を取得している者（aに掲げる者を除く）であること |
> | | c | 令40の8の6①一に定める者から70の7の6①の規定の適用に係る相続等により当該特例認定贈与承継会社の非上場株式等の取得をしている者（aに掲げる者を除く）であること |
> | | d | 特例認定贈与承継会社の非上場株式等を有していた個人であること |
> | | e | 贈与時において、個人が特例認定贈与承継会社の代表権を有していないこと |
> | 24 | | 既にこの規定の適用に係る贈与をしているものでないこと |
>
> 注：**特例経営承継受贈者が2人又は3人以上**ある場合において、**同一年中**に、これらの特例経営承継受贈者に特例認定贈与承継会社の非上場株式等の**贈与を行う**ことは、**既にこの規定の適用に係る贈与をしているものには含まれない**（措通70の7の5-2注）

　新しく加わったのが、次の図8のイのところです。こちらは、いわゆる先代経営者以外の株主から贈与を受けたときに、納税猶予が受けられるようになりました。その場合の、先代経営者以外の株主のほうの要件です。

　1番目のイのところを見ると、贈与の直前においてaからcのいずれかに該当する者がある場合における、d及びeの要件を満たす者と書いてあります。まずaからcのいずれかに該当する者がある場合、これは何が書いてあるか、太字で書いてありますけども、簡単にいうと、先代経営者から既に贈与あるいは相続あるいは贈与から相続に切り替えですね、いずれかの納税猶予を既に受けている者がいるというのがaの部分です。それからbとcっていうのは、同じく先代経営者から贈与あるいは相続で株そのものはもうもらっていると。でもまだ申告をしていないという段階です。それがbとcです。

　要するに何をいっているかっていうと、先代経営者から、要は相続なり贈与なりで株の移転を受けているというのが前提です。要するに、先代経営者以外の者から、贈

第2章　事業承継自社株納税猶予（税法）　　[77]

与あるいは相続も同じですけども、先代経営者以外の株主から、贈与なり相続なりを受けて納税猶予を受けられるようになりましたけど、それはあくまでも、その前の段階で既に先代経営者から後継者へ相続、贈与を受けて納税猶予を既に受けている、あるいはもう既に先代経営者から相続、贈与でもって株は移転しており、これから申告をする段階と。そういう状況があってはじめて、先代経営者以外の者から贈与、相続受けて、納税猶予が受けられるということになります。

実質的にはdとeの要件なので、あまり問題ないです。dは単純にその会社の株主だということです。eは先代経営者と同じく、贈与後において代表権を持っていないと。これは同じ要件が課されているということになります。

それから一番下の24番。これも既にというか、改正前からある規定です。既にこの規定の適用に係る贈与をしているものでないこと。これどういうことかというと、要は贈与、納税猶予が適用が受けられる贈与っていうのは1回しかできないと。贈与者から見た場合ですね。贈与者から見た場合、納税猶予の適用が受けられる贈与というのは、1回しか認められない。そういう意味です。これはある意味当たり前です。というのは、そもそも納税猶予を受けられるケースは事業承継をする場合に納税猶予を受けると。この事業承継っていうのは、改正前も改正後も変わりませんけど、基本的には後継者に株を3分の2以上渡すということです。ということは1回だけです。3分の2以上渡したらそこでおしまいと、一回きりと。2回目、3回目はないってことです。あくまでも2回目、3回目ないというのは、1つの会社について1人の贈与者からっていうことです。その場合に1回しかない。ですから、同じ贈与者であっても会社が変われば、1つの会社について1回できる、こういうことです。これは前述のとおり、改正前からある規定で、改正後もそのまま要件としてあります。

注意すべきなのは、先代経営者はもちろんのこと、今回の改正でこれまでに見たとおり、先代経営者以外の株主から贈与ないしは相続で納税猶予を受けられるようになりましたけれど、その場合も先代経営者以外の者からの贈与も、贈与者から見た場合、1回だけです。1回しか認められません。

それからさらに注意すべきなのは、贈与者から見て1回しかできないということになった場合に、今回改正で受ける側です。受ける側も改正前は1人しかだめでしたけども、改正後は一応2人とか3人とか、3人までOKということになっています。贈与者から見た場合、1回しか贈与ができないということになると、例えば2人あるいは3

人に贈与をするといったときに、要は一度に同時に贈与しなきゃいけないのかという問題が出てきます。これは、法令上はそのようなかたちになるのですけれども、通達で緩和されています。それが注のところです。特例受贈者が2人あるいは3人の場合には、同一年中に贈与を行えばいいということです。基本的には、贈与者から見た場合1回しかできないので、複数人に渡すには同時にやらなければいけないというのが基本です。ただそれだとあまりにもちょっと厳しいということで、通達で緩和してあります。今読んだとおり、同一年中であれば贈与時点が違ったとしても、24番の要件には抵触しないということです。例えば、後継者が2人、AとBですね、株を渡したいといった場合に、同時に一度にやってももちろんいいですし、AとBと贈与時では分けても構わない。ただしあくまでもそれが認められるのは同一年中ですから、仮に年をまたいでしまうと、あとからやったほうは認められないということになります。それからあくまでもこれは受贈者が2人あるいは3人、複数の場合ですから、後継者が1人しかいない場合にも同一年中であれば複数回認められるかと、それはありませんので、あくまでも後継者が複数の場合、その場合には同一年中に限って贈与時点変えたとしても、この24番の要件には抵触しないと。こういうことになります。

　ちなみに相続はいいですよね。相続は2回はないですよね。2回死ぬということはないですから、そこはいいのでしょうけども、贈与の場合には、こういうふうに24番の要件が従来からあるし、改正後もあると。ここがちょっと注意をしていただきたいと思います。

図9)　　自社株納税猶予 特例承継会社贈与の要件⑧

E　贈与

25　次の各号に掲げる場合の区分に応じ、当該各号に定める贈与であること

　　ア　特例経営承継受贈者が一人である場合：次のいずれかの贈与であること

　　　　a　贈与の直前において特例贈与者が有していた特例認定贈与承継会社の非上場株
　　　　　式等（注）の数≧特例認定贈与承継会社の発行済株式等（注8）×2／3－特例経
　　　　　営承継受贈者が有していた特例認定贈与承継会社の非上場株式等（注）の場合
　　　　　→発行済株式等（注8）×2／3－特例経営承継受贈者が有していた特例認定贈
　　　　　与承継会社の非上場株式等（注）以上の株式の贈与（贈＋受で2／3以上の場合
　　　　　は、贈与後、受贈者単独で2／3以上となる贈与）

　　　　b　a以外の贈与（贈＋受で2／3未満の場合は、贈与者保有分のすべてを贈与）
　　　　　→特例贈与者が贈与の直前において有していた特例認定贈与承継会社の非上場
　　　　　株式等（注）のすべての贈与

　　イ　特例経営承継受贈者が二人又は三人である場合：次のすべての要件を満たす贈与
　　　　であること

　　　　a　贈与後におけるいずれの特例経営承継受贈者の有する特例認定贈与承継会社の
　　　　　非上場株式等の数が特例認定贈与承継会社の発行済株式等の総数の10％以上
　　　　　となる贈与であること

　　　　b　いずれの特例経営承継受贈者の有する特例認定贈与承継会社の非上場株式等の
　　　　　数が特例贈与者の有する特例認定贈与承継会社の非上場株式等の数を上回る贈
　　　　　与であること

　それから次に図9、贈与ですね。贈与そのものはどういう贈与ではなくてはいけな
いかと。ここも基本は変わりません。

　変わっている部分は受贈者が複数です。2人、3人の場合には、新たに改正が入って
いると。イの部分です。アの部分は従来どおりです。アの部分は、要は特例受贈者が
1人の場合。この場合はさらにaとbと分かれていますけど、これは簡単にいうと、も
らう側とあげる側です。もらう側とあげる側を足して、その会社の3分の2以上の株
を保有しているような場合には、受贈者単独で3分の2以上の株を保有するような贈
与でないとだめだと。先ほど見たとおり、あくまでも事業承継をした場合に納税猶予
認められると。事業承継っていうのはイコール会社の株を3分の2以上持つというこ
とですから、要はそういうことです。bのところは、あげるほうともらうほうで、足

しても3分の2に満たないと。その場合には、あげるほうの持っている株をすべて渡してくださいと。当然、先ほども見たとおり、贈与は1回しかできないという前提になります。

　それから、新しく出てきたのがイの部分で、特例受贈者が2人ないし3人の場合です。この場合にはaとb両方満たしてくださいということで、aは贈与後いずれの受贈者も10%以上を持たなくてはいけないということがaです。それからbは、贈与後、その後継者、2人とか3人の後継者が保有する株数と、それから贈与者の贈与後の保有する株数、それを比較すると、受贈者のほうが贈与者を上回らなければいけないという要件です。これが課されています。

図10）　自社株納税猶予 特例承継会社贈与の要件⑨

注8：発行済株式等

議決権に制限のない株式等に限る

26　次のいずれかの贈与であること

　ア　H30.1.1～H39.12.31までの間の最初のこの項の規定の適用に係る贈与であること（注9）

　イ　贈与日から特例経営贈与承継期間の末日までの間に贈与税の申告期限が到来する贈与であること（注9）

F　その他

　　特例認定贈与承継会社が特例経営承継受贈者及びその特別関係者から現物出資又は贈与により取得をした資産（贈与前3年以内に取得をしたものに限る、現物出資等資産）があり、かつ、贈与時における次の割合が70%以上であるときは、適用しない

27　→b／a

　　a：特例認定贈与承継会社の資産の価額の合計額
　　b：現物出資等資産の価額（贈与時において現物出資等資産を有していない場合には、贈与時に有しているものとしたときにおける現物出資等資産の価額）の合計額

注9：

贈与の前に相続等により納税猶予の適用を受けている場合には、「最初の相続開始日から特例経営贈与承継期間の末日までの間に贈与税の申告期限が到来する贈与」と読み替える

それから、さらに図10にいって、26番、これは期間です。いつからいつまでの贈与あるいは相続でないと、適用が受けられないのかということですけれど、ここのところは新しく要件として課されています。

　2つあり、2つのいずれかです。アのほうは初めて贈与の納税猶予を受ける場合です。この場合には、既にいわれているとおり、平成30年1月から平成39年12月まで10年間の間に受けるということになります。これは、初めて贈与税の納税猶予を受ける場合。そうでない場合がイです。イのほう、これは贈与日から特例経営贈与承継期間の末日までの間に、贈与税の申告期限が到来する贈与であることと書いてあります。この一番最初の出だしの贈与日っていうのは、条文をこういうかたちでパラフレーズして2つに分けたので、逆にわかりづらいですけれども、このイの出だしの贈与日というのは、このアの、最初に贈与税の納税猶予を受ける、その贈与日のことをいっています。

　例えばどういうことを想定しているかというと、先代経営者である父から長男がまず贈与を受けて納税猶予を受けますと。その場合にはアの部分ですね。その10年間の間に贈与を受けると。その後、先代経営者以外、例えば先代経営者の配偶者、母親から同じく長男が贈与を受けて納税猶予を受けると。その場合にはイのところですね。この場合には、父親から贈与を受けた贈与日から特例経営贈与承継期間、基本的には父親の贈与の申告期限から5年間、その間に母親から贈与を受けて、それの申告期限がその5年の中に到来する贈与。例えば、平成30年中に先代経営者である父親から長男が株を贈与でもらうケースを考えると、その場合の申告期限は平成31年の3月15日。特例承継期間っていうのは5年間ですから、平成31年3月15日から平成36年の3月15日、その間に母親から贈与を受けて、その贈与の申告期限が5年間の間に到来する。つまり、エンドが今の場合平成36年3月15日ですから、実際には平成35年中に贈与を受ければ、それの申告期限が平成36年3月15日になりますので、今のケースですと、母親からの贈与というのは平成35年中までに受ければ、母親からの贈与も一応この期間の中に入るということになります。

　それから一番最後、その他ということで27番書いてあります。これは従来からあるものです。簡単にいうと、要は贈与をして納税猶予を受けると。特に今回の改正後は、ほとんど贈与税あるいは相続税かからないということになりますので、場合によっては個人財産を会社に移して、そのあとすぐに贈与をするというケースも想定され

ます。そういう場合に引っかかる恐れがあるというのが27番です。これは細かいので取り上げませんが、基本的には贈与する3年、贈与前3年以内に個人財産を法人に現物出資あるいは贈与のかたちで移した場合。なおかつ、そこに書いてある割合が70%以上の場合には、納税猶予を受けられないという制限が、従来から課されています。改正後もあるので、気をつけていただきたいと思います。以上が贈与の場合の要件です。

図11) 自社株納税猶予 相続の概略

<相続>

	【要件】
①	特例相続人（D）から特例経営承継相続人等（C）が特例認定承継会社（A）の非上場株式等（注）を相続又は遺贈（相続等）により取得すること
②	期限内申告をすること
③	申告書に適用を受けようとする旨を記載すること
④	申告期限までに猶予税額相当の担保を提供すること
⑤	申告書に非上場株式等の明細及び猶予税額の計算に関する明細その他一定の事項を記載した書類を添付すること
⑥	申告期限までに分割されていること

注：非上場株式等

議決権に制限のないものに限る

第2章　事業承継自社株納税猶予（税法）　[83]

図12) 自社株納税猶予 特例承継会社相続の要件①

A	特例認定承継会社
1	相続開始時において会社の株式等が、非上場株式等であること
2	相続開始時において風俗営業会社でないこと
3	相続開始時において資産保有型会社のうち一定のもの（注1）でないこと
4	相続開始時において資産運用型会社のうち一定のもの（注1）でないこと
5	相続開始日の属する事業年度の直前事業年度（注2）の総収入金額＞0
6	相続開始時において常時使用従業員数≧1（注3）
7	相続開始時において会社が発行する黄金株を一定の者（注4）以外の者が有していないこと
8	中小企業者（円滑化法2）であること
9	特例円滑化法認定（円滑化省令6①十二又は十四）を受けた会社であること
B	特定特別関係会社
10	相続開始時において特定特別関係会社の株式等が、非上場株式等であること
11	相続開始時において中小企業者（円滑化法2）であること（外国会社を除く）
12	相続開始時において風俗営業会社でないこと

　それから図11以降が相続の場合の要件。ほとんど変わりません。図12、ここも変わりません。

図 13) 自社株納税猶予 特例承継会社相続の要件②

C	特例経営承継相続人等
13	被相続人から相続等により特例認定承継会社の非上場株式等を取得した個人であること
14	相続開始日の翌日から5カ月経過日において（制限が加えられていない）代表権を有していること
15	相続開始時において、個人及びその特別関係者の有する特例認定承継会社の非上場株式等に係る議決権数の合計が、総株主等議決権数の50％超であること
16	次に掲げる場合の区分に応じ、それぞれ次に定める要件を満たすこと

ア　個人が一人の場合は、次に掲げる要件を満たすこと

　　a　相続開始時において、個人が有する特例認定承継会社の非上場株式等に係る議決権数が、個人の特別関係者のうちいずれの者（注5）が有する議決権数をも下回らないこと

イ　個人が二人又は三人の場合は、次に掲げるすべての要件を満たすこと

　　a　相続開始時において、個人が有する特例認定承継会社の非上場株式等に係る議決権数が、総株主等議決権数の10％以上であること

　　b　相続開始時において、個人が有する特例認定承継会社の非上場株式等に係る議決権数が、個人の特別関係者のうちいずれの者（注5）が有する議決権数をも下回らないこと

　それから図13、相続人。相続人で変わってくるのは14番です。贈与の場合には、贈与時点で代表権を有していることになりますけれど、相続の場合には相続開始日から5カ月の猶予があるということです。

第2章　事業承継自社株納税猶予（税法）　　[85]

図14) 自社株納税猶予 特例承継会社相続の要件③

17	相続開始の直前において、その会社の役員であったこと（ただし、特例被相続人が60歳未満で死亡した場合を除く）
18	相続開始時から相続税の申告期限（原則）まで引き続き相続等により取得した特例認定承継会社の特例対象非上場株式等のすべてを有していること
19	**当該特例認定承継会社の非上場株式等について70の7①、70の7の2①又は70の7の4①の規定の適用を受けていないこと**
20	**円滑化省令17①一の確認を受けた特例認定承継会社の特例後継者であること**
21	14から19の要件をすべて満たす者が2人又は3人以上ある場合には、特例認定承継会社が定めた2人又は3人までの者に限ること

　それから図14も贈与の場合とほとんど同じです。違うのは17番です。贈与の場合には贈与前継続して3年以上役員であるということですけれども、相続の場合には相続開始直前で役員であればいいということになります。

[86]

図15) 自社株納税猶予 特例承継会社相続の要件④

D	特例被相続人

22 次の各号に掲げる場合の区分に応じ、当該各号に定める者

ア イに掲げる場合以外の場合で、次に掲げる要件のすべてを満たすこと

　　a 相続開始前において特例認定承継会社の代表権を有していた個人であること

　　b 相続開始の直前（注6）において、個人及びその特別関係者の有する特例認定承継会社の非上場株式等に係る議決権数の合計が、総株主等議決権数（注7）の50%超であること

　　c 相続開始の直前（注6）において、個人が有する特例認定承継会社の非上場株式等に係る議決権数が、個人の特別関係者（特例経営承継相続人等となる者を除く）のうちいずれの者が有する議決権数をも下回らないこと

イ 70の7の6①の規定の適用に係る相続開始の直前において、a～cのいずれかに該当する者がある場合におけるdの要件を満たす者

　　a 当該特例認定承継会社の非上場株式等について、70の7の5①、70の7の6① 又は70の7の8①の規定の適用を受けている者であること

　　b 令40の8の5①一に定める者から70の7の5①の規定の適用に係る贈与により 当該特例認定承継会社の非上場株式等を取得している者（aに掲げる者を除く） であること

　　c アに定める者から70の7の6①の規定の適用に係る相続等により当該特例認定 承継会社の非上場株式等の取得をしている者（aに掲げる者を除く）であること

　　d 特例認定承継会社の非上場株式等を有していた個人であること

　それから図15。こちらは特例被相続人の話ですけれども、こちらも同じです。一応改正によって、先代経営者以外からの相続の場合も認められるということで、これはイのところに書いてあります。内容的には先ほどの贈与の場合と同じです。

図16) 自社株納税猶予 特例承継会社相続の要件⑤

E	相続等

23 次のいずれかの相続等による取得であること

　　ア　H30.1.1〜H39.12.31までの間の最初のこの項の規定の適用に係る相続等による取得であること（注8）

　　イ　取得日から特例経営承継期間の末日までの間に相続税の申告期限が到来する相続等による取得であること（注8）

F	その他

特例認定承継会社が特例経営承継相続人等及びその特別関係者から現物出資又は贈与により取得をした資産（相続開始前3年以内に取得をしたものに限る、現物出資等資産）があり、かつ、相続開始時における次の割合が70％以上であるときは、適用しない

24　→b／a
　　a：特例認定承継会社の資産の価額の合計額
　　b：現物出資等資産の価額（相続開始時において現物出資等資産を有していない場合には、相続開始時に有しているものとしたときにおける現物出資等資産の価額）の合計額

注8：

相続等の前に贈与により納税猶予の適用を受けている場合には、「最初の贈与日から特例経営承継期間の末日までの間に相続税の申告期限が到来する相続等」と読み替える

　それから図16です。相続についての期間です。これは前述の贈与の場合とまったく同じになります。それから相続前に現物出資か贈与で移している場合で、一定の要件満たすと納税猶予そのものが受けられないと。これも同じです。

図17) 自社株納税猶予 贈与から相続への切り替えの概略

<贈与から相続への切り替え>

	【要件】
①	特例経営相続承継受贈者（C）が特例贈与者から相続等により取得したものとみなされた（注）特例対象受贈非上場株式等（特例認定相続承継会社（A）の株式等に限る）を有すること
②	期限内申告をすること
③	申告書に適用を受けようとする旨を記載すること
④	申告期限までに猶予税額相当の担保を提供すること
⑤	申告書に特例受贈非上場株式等の明細及び猶予税額の計算に関する明細その他一定の事項を記載した書類を添付すること

注：70の7の7①の規定による

　それから図17。今度は贈与から相続への切り替えです。そのときの要件を見ていきたいと思います。

図18) 自社株納税猶予 贈与から相続への切り替えの要件①

A	特例認定相続承継会社
1	相続開始時において会社の株式等が、非上場株式等であること（注1）
2	相続開始時において風俗営業会社でないこと
3	相続開始時において資産保有型会社のうち一定のもの（注2）でないこと
4	相続開始時において資産運用型会社のうち一定のもの（注2）でないこと
5	相続開始日の属する事業年度の直前事業年度（注3）の総収入金額＞0
6	相続開始時において常時使用従業員数≧1（注4）
7	相続開始時において会社が発行する黄金株を一定の者（注5）以外の者が有していないこと
8	特例認定贈与承継会社であること
9	申告期限までに都道府県知事確認（円滑化省令13①）を受けた会社であること
B	特定特別関係会社
10	相続開始時において特定特別関係会社の株式等が、非上場株式等であること（注1）
11	相続開始時において風俗営業会社でないこと

　図17のところは概略として、図18のところですね。図18の要件は先ほど見た贈与あるいは相続とほぼ同じですけれど、2点注意してください。

　1つは、贈与とか相続のときには必要な要件が、この切り替えのときには要らなくなっている点です。見比べていただければいいのですけれど、中小企業者であるということ。これは本体です。本体とそれから特定特別関係会社、いずれも贈与とか相続の場合には中小企業者であることが必要ですけれども、切り換え時点では不要になっています。それが1点。

　もう1つはAの1番とBの10番。いずれも本体それから特定特別関係会社が非上場株式であるということです。

　未上場の会社であるということですけれども、基本的にはそういうことが切り替え時に必要になってくるのですが、注の1をちょっと見ていただきたいのですけれども、

[90]

図19ですね。

図19) 自社株納税猶予 贈与から相続への切り替えの要件②

注1：特例経営相続承継受贈者に係る特例贈与者が最初の贈与に係る贈与税申告期限から5年経過日又は最初の相続に係る相続税申告期限から5年経過日のいずれか早い日の翌日以後に死亡した場合には不要

C	特例経営相続承継受贈者
12	贈与税の納税猶予の特例の適用を受ける特例経営承継受贈者であること
13	相続開始時において（制限が加えられていない）代表権を有していること
14	相続開始時において、その者及びその特別関係者の有する特例認定相続承継会社の株式等に係る議決権数の合計が、総株主等議決権数の50％超であること
15	相続開始時において、その者が有する特例認定相続承継会社の株式等に係る議決権数が、その者の特別関係者のうちいずれの者（注6）が有する議決権数をも下回らないこと

　図19の1番上のところですけども、特例受贈者に係る特例贈与者が、最初の贈与に係る贈与税の申告期限から5年経過日以後に死亡した場合には不要と。何をいっているかというと、要は株を渡した贈与者が5年超えて、承継期間超えて相続が発生した場合。その場合には未上場の要件っていうのは要らないと。

　逆にいうと、贈与をして贈与税の納税猶予、受贈者が受けて、その後5年たつ前に贈与した側に相続が発生した場合。この場合には、引き続き本体も特定特別関係会社も未上場であるという要件が必要になってきますけれども、5年越えてしまえば、そこは要らないということになります。以上、2点注意をしていただきたいと思います。

　それから図19Cの受贈者のほうは、これは特に説明は要らないかと思います。以上が入り口の段階での要件の話です。

第2章　事業承継自社株納税猶予（税法）　　　[91]

[第2節] **猶予税額**

　図20以降では猶予税額の算定が書いてあります。図20・21が贈与、それから図22が相続ということになります。そんなに難しくはありません。

図20)　自社株納税猶予　猶予税額①

<贈与>

(1) 暦年贈与
特例対象受贈非上場株式等の価額(注1)を特例経営承継受贈者に係るその年分の贈与税の課税価格とみなして、相法21の5(基礎控除)及び21の7(税率)の規定(措法70の2の4(基礎控除の特例)及び70の2の5(税率の特例))の規定を適用して計算した金額
(2) 相続時精算課税贈与
特例対象受贈非上場株式等の価額(注1)を特例経営承継受贈者に係るその年分の贈与税の課税価格とみなして、相法21の12(特別控除)及び21の13(税率)の規定を適用して計算した金額

　贈与の場合には、これはあくまでも、いわゆる猶予税額です。納税猶予される金額がいくらになるのかという、その猶予税額の算定の仕方ですけども、これは既に見てきたとおり、贈与の場合であれば納税猶予を受ける株式、それだけを贈与の場合でしたら贈与税の課税価格と見なして、暦年贈与あるいは精算課税贈与、贈与税を計算するというだけになります。

[92]

図21）　自社株納税猶予　猶予税額②

注1：特例対象受贈非上場株式等の価額

特例認定贈与承継会社等（注1-1）が一定の法人（注1-2）の株式等（投資口を含む）を有する場合には、当該特例認定贈与承継会社等が当該株式等を有していなかったものとして計算した価額

注1-1：特例認定贈与承継会社等

特例認定贈与承継会社又は当該特例認定贈与承継会社の特別関係会社であって当該特例認定贈与承継会社との間に支配関係がある法人

注1-2：一定の法人

ア　外国会社（当該特例認定贈与承継会社の特別関係会社に該当するものに限る）
イ　特例認定贈与承継会社、当該特例認定贈与承継会社の代表権を有する者及び当該代表権を有する者の特別関係者が有する次の各号（当該特例認定贈与承継会社が資産保有型会社等に該当しない場合にあっては、aを除く）に掲げる法人の株式等の数が、当該各号に定める数である場合における当該法人
　　a　法人（医療法人を除く）の株式等（非上場株式等を除く）：当該法人の発行済株式の総数の3%以上に相当する数
　　b　医療法人の出資：当該医療法人の出資の総額の50%を超える金額

　ただ若干注意していただきたいのは、図20の（1）でも（2）でもいいのですけれども、特例株式の価格で、そのあと注の1っていうのがあります。それが図21に書いてあるのですけれども、これ何が書いてあるのか、のちほど説明したいと思いますけれども、一定の場合、例えば外国会社の株式を保有しているだとか、上場会社の株を保有していて、なおかつ一定の要件に該当する場合。そういうような場合には、若干猶予税額を計算するときに調整が必要だという、その調整の話が図21に書いてあります。

第2章　事業承継自社株納税猶予（税法）　　　［ 93 ］

図22) 自社株納税猶予 猶予税額③

<相続>

特例対象非上場株式等の価額（注1）を特例経営承継相続人等に係る相続税の課税価格とみなして、相法13（債務控除）から19（3年以内贈与加算、贈与税額控除）まで（2割加算含む）、21の15①②及び21の16①②（精算課税の加算）を適用して計算した金額（精算課税贈与に係る贈与税額控除適用前）(C)
※税額控除
A：3年以内贈与加算に係る贈与税額控除以外の税額控除（精算課税贈与に係る贈与税額控除含む）
B：Aの税額控除を適用しないで計算した特例経営承継相続人等の相続税額
C：特定価額を特例経営承継相続人等の課税価格とみなしてAの税額控除を適用しないで計算した特例経営承継相続人等の相続税額
A-(B-C)をCから控除して計算

　それから図22、相続。これも同じです。納税猶予を受ける株式だけを、納税猶予を受ける相続人の相続税の課税価格と見なして、相続税を計算するということですが、贈与と違って2点ほど注意してください。債務控除と税額控除。納税猶予を受ける相続人が債務控除あるいは税額控除を受ける場合です。その場合に何が問題になるのかというと、要は、例えば債務控除であれば債務控除を、納税猶予の対象となるのは株式から引いていくのか、それ以外の財産から引いていくのかと。税額控除も同じです。そのどっちによるかによって有利不利出てきます。

　結論からいうと、納税者有利で考えていただければいいと。ですから債務控除、納税猶予を受ける相続人が債務控除を受けますといった場合には、その債務控除はまず、納税猶予を受ける株式以外の財産から債務控除をして、その他財産から引ききれないものがあれば、納税猶予を受ける株式のほうから引いていくと。そっちのほうが猶予税額有利になります。納税者有利で考えていただければいい。

　税額控除も同じです。税額控除もまずは、その他財産、具体的には、この図22の箱の税額控除の部分です。そこにA、B、Cとか記号が書いてあって、一番下に算式書いてありますけれど、これが税額控除のある場合の計算の仕方を示している部分になるのですが、何が書いてあるかというと、債務控除と同じく、税額控除がある場合も、まずはその他財産です。その他財産に係る相続税からまず引いて、引ききれない部分があれば、納税猶予対象となる株式のほうから引いていくと。

[94]

先ほどの贈与の場合と同じく、納税猶予を受けようとする会社が、例えば外国会社の株を持っているなどそういうような場合には、一定の調整が必要になります。

図23）自社株納税猶予　猶予税額④

＜贈与からの切り替え＞

特例対象相続非上場株式等の価額（注）を特例経営相続承継受贈者に係る相続税の課税価格とみなして計算

　注：一号に掲げる金額×二号に掲げる割合（特例対象受贈非上場株式等の価額を限度とする）

一号に掲げる金額：

措法70の7の7①の規定により相続税の課税価格の計算の基礎に算入された特例対象受贈非上場株式等の一単位当たりの価額×対象相続非上場株式等の数

二号に掲げる割合：

{ア－（イ＋ウ×エ／オ）}／ア

{ア－（イ＋ウ×エ／オ）}／ア

　　ア　相続開始時における、特例認定相続承継会社の純資産額

　　イ　特例認定相続承継会社が有する外国会社等の株式等の価額

　　ウ　特例認定相続承継会社が有する特別支配関係法人の株式等の価額

　　エ　特別支配関係法人が直接又は他の特別支配関係法人を通じて間接に有する外国会社等の株式等の価額（オに掲げる金額を限度とする）

　　　ⅰ）　特別支配関係法人が直接に有する外国会社等の株式等の価額
　　　　　　当該外国会社等の株式等の価額

　　　ⅱ）　特別支配関係法人が他の特別支配関係法人を通じて間接に有する外国会社等の株式等の価額

　　　　　　特別支配関係法人が有する他の特別支配関係法人の株式等の数×（他の特別支配関係法人の株式等の1単位当たりの価額－他の特別支配関係法人が外国会社等の株式等を有していなかったものとして計算した場合の当該他の特別支配関係法人の株式等の1単位当たりの価額）

　　オ　特別支配関係法人の純資産額

第2章　事業承継自社株納税猶予（税法）

それから図23です。こちらは今度切り替えた段階。贈与から相続に切り替えた段階での猶予税額の計算ということになるのですけれども、基本的には、贈与から相続に切り替えた場合には、贈与時点の価格です。贈与時点の価格でもって相続税を計算すると。既に見てきたところです。

　基本的にはそういう理解でよろしいかと思いますが、これも一定の調整が入る場合があります。切り替えで調整が入るとややこしくなるので、今回はそこまではふれられないですけれども、調整が入る場合もあるということですが、基本的には、贈与時点の価格を使えばいいということです。

［第3節］ **確定事由**

図24、確定事由、ここを見ておきたいと思います。

図24) 自社株納税猶予 贈与・贈与から相続への切り替えの確定事由①

<贈与>
<贈与から相続への切り替え>

No.	内容	適用時	承継期間内	承継期間後	切替時
			贈与税納税猶予		贈与→相続
A	特例認定贈与承継会社				
1	非上場株式等であること	必要	必要（全部）	不要	必要 (注12)
2	風俗営業会社でないこと	必要	必要（全部）	不要	必要
3	資産保有型会社等のうち 一定のものでないこと	必要	必要（全部）	必要（全部）	必要
4	総収入金額＞0	必要	必要（全部）	必要（全部）	必要
5	常時使用従業員数≧1	必要	－	－	必要
6	雇用確保要件	－	－	－	
7	黄金株	必要	必要（全部）	不要	必要
8	中小企業者であること	必要	不要	不要	
9	分割型分割	－	必要（全部）	必要（一部）	
10	組織変更（株式以外の財産交付有）	－	必要（全部）	必要（一部）	
11	解散（みなし解散）（合併除く）	－	必要（全部）	必要（全部） (注1)	
12	減資・減準備金 （一定のものを除く）	－	必要（全部）	必要（全部）	
13	合併消滅	－	必要（全部） (注2)	必要（一部） (注3)	
14	株式交換等により 完全子会社になった場合	－	必要（全部） (注4)	必要（一部） (注5)	
15	継続届出期限内提出	－	必要（全部） （宥恕有）	必要（全部） （宥恕有）	
B	特定特別関係会社				
1	非上場株式等であること	必要	不要	不要	必要 (注12)
2	中小企業者であること	必要	不要	不要	
3	風俗営業会社でないこと	必要	必要（全部）	不要	必要

第2章 事業承継自社株納税猶予（税法） ［ 97 ］

何が書いてあるかというと、納税猶予です。相続でも贈与でもいいのですけれども、一応入り口の段階では無事適用が受けられましたと。その後、納税猶予を実際受け始めてずっといくわけですけども、要は猶予税額が確定するケースがあります。どういったことが起きてしまうと、猶予税額、期限が確定してしまうのか。要するに、今まで猶予をされていた税金を払わなければいけないような事態が、どういった場合に生じてしまうのか。これがその確定事由という部分になります。

　まず図24に書いてあるのは贈与です。贈与の納税猶予を受けている場合に、どういう事由が発生すると税金を納めなくてはいけないのかという話です。表の一番上を見ていただくと、真ん中のところに適用時とあります。これは、贈与を受けるときに必要かどうかということ。それからそのすぐ右隣に承継期間内。これは、贈与税の納税猶予を受けてから5年間はどうなのか。それからさらにその右側、承継期間後ですから、5年経過後はどうなのか。さらに贈与での納税猶予を受けている場合です。贈与者に相続が発生すると切り替えになります。切り替えた段階で必要なのかどうなのかですね。一応そこまで、切り替えを含めて一覧にしておきました。

　ざっと見ていくと、まず一番上です。これはAは会社ですね。会社本体の部分になりますが、まず1番、非上場株式であること。これは当然、入り口の段階では必要です。それからその後5年間も必要です。その承継期間内のところで必要と書いてあって、括弧書きで全部と書いてあります。これはどういう意味かというと、万が一この5年内に非上場株式でない、つまり上場しちゃったと。その場合には猶予税額全額を納めてもらわなきゃいけないと。こういうことです。承継期間内は要件必要ですけども、5年経過後は不要になります。

[98]

図25) 自社株納税猶予 贈与・贈与から相続への切り替えの確定事由③

注1：申請免除有（承継期間後、破産手続開始の決定又は特別清算開始の命令があった場合）
注2：適格合併をした場合を除く、承継期間内に適格合併をし、存続会社等の株式等以外の金銭等の交付があった場合、猶予期限到来（直前猶予税額×株式等以外の金銭等の額／合併前純資産額）
注3：申請免除有（承継期間後、合併により消滅した場合で一定の要件（金銭等交付のグループ外合併等）に該当するとき）
注4：適格交換等をした場合を除く、承継期間内に適格交換等をし、他の会社の株式等以外の金銭等の交付があった場合、猶予期限到来（直前猶予税額×株式等以外の金銭等の額／交換等前純資産額）
注5：申請免除有（承継期間後、株式交換等により他の会社の完全子会社等となった場合で一定の要件（金銭等交付のグループ外交換等）に該当するとき）
注6：やむを得ない理由がある場合を除く（承継期間内）
注7：受贈者がやむを得ない理由により代表権を有しないこととなり、受贈者が70の7①又は70の7の5①の贈与をした場合を除く（承継期間内）
注8：承継期間内に注7に該当する場合、猶予期限到来・届出免除（直前猶予税額×贈与した特例株式等の数／贈与直前特例株式等の数）
注9：承継期間後に、受贈者が70の7①又は70の7の5①の贈与をした場合、届出免除（直前猶予税額×贈与した特例株式等の数／贈与直前特例株式等の数）
注10：申請免除有（承継期間後、ア特別関係者以外の者のうち一人の者に対して行う又はイ再生計画・更生計画の認可の決定があった場合において債務処理計画に基づき消却するために行う全部譲渡等）
注11：株式交換等により他の会社の株式交換完全子会社等となった場合を除く
注12：特例経営相続承継受贈者に係る贈与者が贈与税申告期限から5年経過日の翌日以後に死亡した場合には不要

※承継期間後に、譲渡等・合併消滅・株式交換等完全子会社・解散になった場合（事業継続が困難な事由が生じた場合に限る）には、2段階（解散の場合は1段階）の免除あり（申請必要）

　それから贈与から相続に切り替えた段階。これは基本必要と書いてありますけれども、注の12があります。先ほどちょっとふれた部分ですけれども、注の12というのは図25の下から2段目に書いてありますけれども、要は、5年経過後に贈与者が死亡

した場合には要件は要らないということです。先ほどもふれたとおり、5年以内に、贈与の納税猶予を受け始めてから5年たたずに贈与者に相続が発生した場合には、この切り替え時点で非上場というのは必要になりますけど、5年経過後は要らないと。

それから風俗営業会社ではないこと。これは入り口それから5年間必要。5年経過後は不要になります。切り替える段階ではまた必要になります。風俗営業会社に関しては、1番の非上場と違って、切り替え時点では必ず必要になります。もっとも、実務的にはあんまりこの風俗営業会社に該当するというケースはほとんどないのでしょうから、問題ないと思いますけれども、一応規定上はそうなっていると。

それから3番です。資産保有型会社あるいは資産運用型会社のうち、一定のものでないこと。先ほど説明しました。一定のものでないこと。これはすべての期間必要です。不要になるってことはあり得ないので、常に必要だということになります。それから総収入金額がゼロより大きい。これもすべての期間で必要だということですけれど、実務的にはあまりこれは、問題になるようなケースはないだろうと思います。

それから5番です。従業員数が1人以上、これは基本的に入り口の要件です。実際に適用、納税猶予を受けている期間中は、そのすぐ下の雇用確保要件です。これは従来、改正前は当然必要でしたけども、改正によって既に見てきたとおり、ここの部分は一応仮に抵触してしまっている場合でも、それでもってすぐ確定事由になる、確定するわけではないということです。ただ注意してください。雇用確保要件満たしていない場合には、円滑化法のほうで確認を受ける必要があります。その確認書というものをもらって、それを税務申告するときに添付しなくてはいけないと。それ添付しないとアウトになるので、満たさなくても大丈夫だというわけじゃなく、満たさない場合には一定の手続きが必要なので、そこは勘違いしないでいただきたいと思います。それから黄金株。こちらは見ていただければいいと思います。

次の8番。中小企業者であること。これは入り口だけです。最初の承継期間内に5年内、これは不要ということになっています。それから切り替え。先ほど見たとおり、切り替え時点も要らないということです。ですから、中小企業者の要件は本当に入り口だけということになります。

それから9番から15番。こちらは入り口のときには必要ないけれども、その後実際に納税猶予、相続なり贈与なり受けている間にこういうことが起きてしまうとちょっと問題ですねと。9から15ありますけども、必要な部分だけピックアップして説明

しておくと、まず9番。分割型分割です。これをやってしまうと承継期間内5年内でも、それから5年経過後も納税が必要になります。この分割型分割の捉え方は、株式の一部譲渡という捉え方になっています。のちほど見るように、納税猶予を受けているときに株を譲渡ないし贈与、移転してしまうと、そこで猶予期限確定して、猶予税額を払わなくてはいけないという事態が生じますけれども、分割型分割も同じような捉え方になります。分社型分割は別に要件引っかからないので、関係ないということです。10番、11番はちょっと置いときまして、12番です。減資それから減準備金です。これもやってしまうと、そこに書いてあるとおり、承継期間内だけでなく承継期間後も納税が必要になってくると。ただし、そこに書いてあるとおり一定のもの、減資あるいは減準備金に該当しても一定のものであれば大丈夫と。その一定のものっていうのが図26に書いてあります。

図26) 自社株納税猶予 減資・減準備金で一定のもの

減資・減準備金で一定のもの

a 定時株主総会において所定の事項を定め、かつ、減少する資本金の額が定時株主総会の日における欠損の額を超えない場合
b 減少をする資本金の額の全部を準備金とする場合
c 減少をする準備金の額の全部を資本金とする場合
d 準備金の額のみを減少する場合であって、定時株主総会において所定の事項を定め、かつ、減少する準備金の額が定時株主総会の日における欠損の額を超えない場合

図26を見ていただきますと、aからdですね、a、b、c、dとあります。aとdというのは、いわゆる欠損填補です。欠損填補で減資あるいは減準備金をする。それであればいいですよと、大丈夫ですよと。それからbとcというのは実質的に減資とか減準備金に該当しない。要するにbとcは、見ていただくとわかるとおり、資本金を準備金に振り替える、あるいは準備金を資本金に振り替える。これやったところで、資本金も準備金も拘束性のものですから、実質的にはやってないのと同じ状態です。こういったa、b、c、dに該当する減資あるいは減準備金であれば問題ないですけれども、それ以外のもの、ですから欠損填補以外で、例えば資本金を減資してその他資本剰余

金に振り替える。そういったことをやってしまうとアウトになるということです。

　それから図24に戻って、13番、14番はちょっと置いておききます。15番、継続届出期限内提出。最後で手続きのところでまた出てくると思いますけども、納税猶予は、受けるためには、定期的に届け出を税務署のほうに出す必要があります。最初の5年間は毎年、それから5年経過後は3年に一度、届け出を出し続けなければいけない。それを万が一期限内に出さないというようなことになってしまうと、これはアウトになるということ。これはおそらく実務的に、ここで引っかかるというのは税理士の責任になると思いますので、いわゆる損害賠償ものということになるでしょうから、ここは納税猶予をやるのであれば、しっかりと守らなければいけない部分ということになると思います。

　それからBのところです。特定特別関係会社。こちらは非上場です。まず非上場に関しては入り口に必要と。本体と違って特定特別関係会社の場合には、承継期間内においても不要ってことになっています。それから2番の中小企業者です。こちらは本体と同じですね。入り口だけと。風俗営業会社も、これも本体と同じ取り扱いになっています。

図27) 自社株納税猶予 贈与・贈与から相続への切り替えの確定事由②

\<贈与>
\<贈与から相続への切り替え>

No.	内容	贈与税納税猶予			贈与→相続
		適用時	承継期間内	承継期間後	切替時
C	**特例経営承継受贈者**				
1	代表権を有していること (注6)	必要	必要(全部)	**不要**	必要
2	グループ議決権50%要件 (注7)	必要	必要(全部)	**不要**	必要
3	筆頭要件(1人／2人3人) (注7)	必要	必要(全部)	**不要**	必要
4	議決権10%要件(2人3人)	必要	**不要**	**不要**	
5	20歳以上であること	必要	―	―	
6	継続3年以上役員であること	必要	―	―	
7	特例株式継続保有要件	必要	―	―	
8	一部譲渡等 (注7)	―	必要(全部)(注8)	必要(一部)(注9)	
9	全部譲渡等 (注11)	―	必要(全部)(注8)	必要(全部)(注9、10)	
10	特例株式議決権非制限	必要	必要(全部)	**不要**	
D	**贈与者**				
1	代表権を有していたこと(第1種)	必要	―	―	
2	グループ議決権50%要件(第1種)	必要	―	―	
3	筆頭要件(第1種)	必要	―	―	
4	既に特例適用者(申告予定者含む)がいること(第2種)	必要	―	―	
5	代表権を有していないこと(第1種／第2種)	必要	必要(全部)	**不要**	

必要(一部)

分割型分割 ➡ 直前猶予税額×配当分純資産額(承継純資産額×配当した承継会社株式等の数／交付を受けた承継会社株式等の数)／分割前純資産額
組織変更 ➡ 直前猶予税額×交付株式等以外の財産の価額／組織変更前純資産額
合併 ➡ 直前猶予税額×交付株式等以外の金銭等の額／合併前純資産額
株式交換等 ➡ 直前猶予税額×交付株式等以外の金銭等の額／交換等前純資産額
一部譲渡等 ➡ 直前猶予税額×譲渡した特例株式等の数／直前特例株式等の数

それから図27に進んで、受贈者のほうの要件です。まずは最初の3つ。代表権を有していること、それから、同族関係者含めて過半数議決権を保有しているということ、それから筆頭要件です。いずれも入り口はもちろんのこと、その後5年間は必要です。5年経過すれば要らなくなると。万が一というか、切り替え後は、切り替え時点では当然必要になってきます。それから4番の議決権、10％要件。これは後継者が2人、3人いる場合ですね。10％を満たさなきゃいけないというのは入り口で必要になりますけれども、これはその後、特に要件としては出てきていないようです。それから5番、6番。これは入り口の段階しか必要にならないと。それから7番、継続保有要件。これは一応入り口の段階しか書いていませんけれども、納税猶予を受け始めたら、8番、9番、そちらのほうに移っていくと。先ほども見たとおり、納税猶予を受け始めたあと、譲渡ないし贈与で株を移してしまうと、その段階で基本的には納税が発生してきてしまうというかたちになります。

　ところで、例えば後継者が納税猶予を受けている株式ももちろんあるのだけれども、納税猶予を受けていない、もともと後継者自身が保有していた株もあると。例えば、納税者がもともとその会社の株100株持っていました。先代経営者から贈与によって例えば500株もらって、納税猶予受けていましたと。要するに600株持っているということです。その場合に、例えば、そのうち50株を譲渡ないし贈与するとしたとします。その場合、その50株がもし先代経営者からもらった株から贈与ないし譲渡したということになると、その段階でアウトになります。でも、もともと本人は後継者が持っていた株から譲渡ないし贈与したのであれば、そこは問題ないです。その場合にどっちからなるのかと。これは決められています。

　結論からいうと納税者有利で考えていただければいいと。もともと後継者が持っていたものと、それから納税猶予を受けている株がある場合には、まずは納税猶予を受けていない株ですね、受けていないものから譲渡、贈与したものと見なして考えていただければいいと。だから先ほどのケースですね。もともと後継者が100株、株を持っていて、それとは別に先代経営者から例えば500株贈与を受けて、その500株について納税猶予を受けていますと。合わせて600株持っています。その段階で、仮に50株を譲渡、贈与しましたと。それは、納税猶予を受けてない100株から譲渡ないし贈与をしたものと考え、見なされますので、そうすると100株のうち50株ですから、全然問題ないわけです。そういう取り扱いになっています。

それから、表に戻って10番。これは問題ないと思いますので飛ばします。

　それからDの贈与者。贈与者も基本的には入り口の段階だけですが、1つだけ。Dの5番ですね。代表権を有していないこと。贈与時点で贈与者は代表降りてなきゃいけませんけど、その後復活することもあり得ます。5年以内に復活しちゃうとアウトと。でも5年超えてればいいですよというかたちになります。

　以上が贈与の場合の確定事由で、相続の場合も同じです

図28) 自社株納税猶予 相続の確定事由

<相続>

No.	内容	相続税納税猶予		
		適用時	承継期間内	承継期間後
A	**認定承継会社**			
1	非上場株式等であること	必要	必要（全部）	不要
2	風俗営業会社でないこと	必要	必要（全部）	不要
3	資産保有型会社等のうち一定のものでないこと	必要	必要（全部）	必要（全部）
4	総収入金額＞0	必要	必要（全部）	必要（全部）
5	常時使用従業員数≧1	必要	－	－
6	雇用確保要件	－	－	－
7	黄金株	必要	必要（全部）	不要
8	中小企業者であること	必要	不要	不要
9	分割型分割	－	必要（全部）	必要（一部）
10	組織変更（株式以外の財産交付有）	－	必要（全部）	必要（一部）
11	解散（みなし解散）（合併除く）	－	必要（全部）	必要（全部）(注1)
12	減資・減準備金（一定のものを除く）	－	必要（全部）	必要（全部）
13	合併消滅	－	必要（全部）(注2)	必要（一部）(注3)
14	株式交換等により完全子会社になった場合	－	必要（全部）(注4)	必要（一部）(注5)
15	継続届出期限内提出	－	必要（全部）（宥恕有）	必要（全部）（宥恕有）

第2章　事業承継自社株納税猶予（税法）　　[105]

	内容	相続税納税猶予		
No.		適用時	承継期間内	承継期間後
B	**特定特別関係会社**			
1	非上場株式等であること	必要	不要	不要
2	中小企業者であること	必要	不要	不要
3	風俗営業会社でないこと	必要	必要（全部）	不要
C	**経営承継相続人等**			
1	相続開始日の翌日から5カ月経過日において代表権を有していること(注6)	必要	必要（全部）	不要
2	グループ議決権50%要件(注7)	必要	必要（全部）	不要
3	筆頭要件（1人／2人3人）(注7)	必要	必要（全部）	不要
4	議決権10%要件（2人3人）	必要	不要	不要
5	相続開始直前において役員であったこと（被相続人が60歳未満で死亡した場合を除く）	必要	－	－
6	特例株式継続保有要件	必要	－	－
7	一部譲渡等(注7)	－	必要（全部）(注8)	必要（一部）(注9)
8	全部譲渡等(注11)	－	必要（全部）(注8)	必要（全部）(注9、10)
9	特例株式議決権非制限	必要	必要（全部）	不要
D	**被相続人**			
1	代表権を有していたこと（第1種）	必要	－	－
2	グループ議決権50%要件（第1種）	必要	－	－
3	筆頭要件（第1種）	必要	－	－
4	既に特例適用者（申告予定者含む）がいること（第2種）	必要	－	－

　違うのは図28の相続人と被相続人のほうで、それぞれ贈与のケースと比べて1つずつ少ないことです。何が少ないかというと、贈与固有の要件がないだけの話です。例えば図27、贈与の場合のCの5番ですね。年齢要件。年齢要件は相続にはもともとないです。ですのでそれがないというのと、それからあと、前述の贈与の場合、贈与者が代表を復活するという話がありましたけど、相続の場合には復活のしようがありませんので、それがないというだけの話ですので、実質的には贈与と相続、この確定事由は同じと考えていいかと思います。

[106]

［第4節］　**免除事由**

図29)　自社株納税猶予 贈与の免除事由

<贈与>

ア	贈与者の死亡の時以前に経営承継受贈者が死亡した場合 →猶予中贈与税額
イ	贈与者が死亡した場合 →猶予中贈与税額×贈与者が贈与した特例対象受贈非上場株式等の数（注）／死亡直前の特例対象受贈非上場株式等の数 注：贈与者が⑮三の規定の適用に係る贈与をした特例対象受贈非上場株式等の数を除く
ウ	特例経営贈与承継期間の末日の翌日（注）以後に、特例経営承継受贈者が特例対象受贈非上場株式等につき第一項又は70の7の5①の適用に係る贈与をした場合 →猶予中贈与税額×贈与した特例対象受贈非上場株式等の数／贈与直前の特例対象受贈非上場株式等の数 注：特例経営贈与承継期間内に特例経営承継受贈者が特例認定贈与承継会社の代表権を有しないこととなった場合（やむを得ない理由）には、その有しないこととなった日

> 特例経営承継受贈者又は特例経営承継受贈者の相続人は、その該当することとなった日から同日（ウの場合は、特例対象受贈非上場株式等の贈与を受けた者が贈与税の申告書を提出した日）以後6カ月（イの場合は10カ月）経過日（免除届出期限）までに、届出書を提出しなければならない

　それから図29に進んで、免除の話です。免除は大きく2つに分かれます。届け出免除とそれから申請免除があります。今回お話しするのはベーシックな届け出免除のほうをお話しします。

　まず贈与の場合です。贈与の場合にはそこに書いてある、図29のア、イ、ウですね。この場合に免除されると。まずはアです。贈与者よりも受贈者が先に死亡した場合です。それからイのケースは贈与者が死亡した場合です。いずれも免除になります。それからウです。これは何が書いてあるかというと、1代目から2代目に生前贈与をして、

その段階で2代目が贈与税の納税猶予を受けています。さらに5年経過後に1代目がいる段階で、さらに2代目から3代目に生前贈与をして、そして3代目に贈与税の納税猶予を受けさせると。その場合、1代目から2代目、2代目から3代目に移った部分については、2代目の贈与税が免除されるというのがウです。いわゆる免除対象贈与とか、猶予継続贈与と呼ばれるものになります。ただ、ア、イ、ウいずれも該当した場合には、届け出を出す必要があります。それが一番下のところです。6カ月とか10カ月以内に一定の届け出を出す必要がありますので、手続きの注意をしてください。

図30) 自社株納税猶予 相続の免除事由

<相続>

ア	経営承継相続人等が死亡した場合 →猶予中相続税額
イ	特例経営承継期間の末日の翌日（注）以後に、特例経営承継相続人等が特例対象非上場株式等につき70の7①又は70の7の5①の規定の適用に係る贈与をした場合 →猶予中相続税額×贈与した特例対象非上場株式等の数／贈与直前の特例対象非上場株式等の数 注：特例経営承継期間内に特例経営承継相続人等が特例認定承継会社の代表権を有しないこととなった場合（やむを得ない理由）には、その有しないこととなった日

特例経営承継相続人等又は特例経営承継相続人等の相続人は、その該当することとなった日から同日（イの場合は、特例対象非上場株式等の贈与を受けた者が贈与税の申告書を提出した日）以後6カ月経過日（免除届出期限）までに、届出書を提出しなければならない

それから相続、図30。こちらも同じです。

納税猶予を受けている相続人自身が死亡する、あるいは相続で納税猶予を受けて5年経過後に次の後継者に生前贈与をして、その後継者のほうが贈与の納税猶予を受ける。その場合には免除が受けられます。ただしこれも届け出が必要ということになります。具体的な話は図31以降に書いておきました。

図31) 自社株納税猶予 免除事由の設例1

＜設例1＞発行済株式数100株

（1）当初保有株数

　甲（1代目）70株、乙（2代目）0株、丙（3代目）30株

（2）移転

　①甲→乙　67株贈与（贈与後：甲3株、乙67株、丙30株）

　②乙→丙　37株贈与（贈与後：甲3株、乙30株、丙67株）

（3）免除

　①乙から丙への贈与時：乙について37株だけ免除

　（30株は納税猶予継続）

　②甲の死亡時：乙について30株だけ免除（みなし相続）

　　　　　　　　丙について37株だけ免除（みなし相続＋納税猶予可）

　図31、設例1ですけれども、これはもともと発行済株式100株持っていて、当初の株式保有数は1代目甲が70株、2代目乙が0株、3代目丙が30株を持っているという前提で、甲から乙に67株贈与して、乙が納税猶予を受けます。これ67株、なんで67株かいいですか。甲と乙を足すと70株ですから、3分の2以上持っていますよね。そうすると納税猶予を受けるためには最低限乙が単独で3分の2を持たないといけませんので、67株を移していると、そういうことです。さらに5年経過後、乙から丙に37株贈与して、今度は丙が納税猶予を受けると。そういう前提です。その場合に、どの時点でどれだけ免除ができるのかという話ですけども、まずは、（3）のところです。乙から丙に贈与。これは、乙から丙に37株贈与していますけれど、この37株はすべて甲からきています。甲から67株、もともと乙は持っていませんでしたから、甲から乙に67株移して、そのうちの37株をさらに5年経過後乙から丙に移していますので、これが先ほど述べた、いわゆる免除対象贈与ということになります。乙から丙に移した段階で、乙について37株相当分だけ免除になると。こういうことです。

　残りの30株については、納税猶予が継続すると。さらに甲が、いわゆる1代目が死亡した場合に乙について残りの30株が免除になって、それで丙について、3代目に

第2章　事業承継自社株納税猶予（税法）　　　　［109］

ついては、今度は37株だけ免除になると。それで、相続のほうに切り替わります。

図32) 自社株納税猶予 免除事由の設例2

（1）当初保有株数

　　甲（1代目）50株、乙（2代目）30株、丙（3代目）20株

（2）移転

　　①甲→乙　37株贈与（贈与後：甲13株、乙67株、丙20株）

　　②乙→丙　47株贈与（贈与後：甲13株、乙20株、丙67株）注

　　　注：措法70の7⑮三に係る贈与をしたときは、納税猶予の適用を受け
　　　　　ている37株から先に贈与をしたものとみなされる

（3）免除

　　①乙から丙への贈与時：乙について37株だけ免除

　　②乙の死亡時：丙について10株だけ免除（みなし相続＋納税猶予可）

　　③甲の死亡時：丙について37株だけ免除（みなし相続＋納税猶予可）

　それから図32のほうですけども、これも同じような設例ですけども、全部で100株、今度は若干当初の保有株数が違いますけれども、50、30、20ですね。流れ的には変わりません。

　まずは、1代目から2代目に37株、一旦贈与すると。さらに5年経過後、今度は乙から丙に47株移していると。特に注意するのは、乙から丙に47株移しているのですけれど、もともと乙は、2代目で、30株持っています。30株持っているところに、甲から乙に37株移ってきました。それで、足して67株になっています。67株のうち、さらに5年経過後に47株を3代目の丙に移しています。

　問題は、この47株を丙に移したときの、その47株の内訳です。要するに乙がもともと持っていた株は何株移したのか、甲から乙にきてさらに丙に移ったのは何株なのかと。そこが問題になります。これも結論的には納税者有利で考えます。

　このケースはいわゆる免除対象贈与になりますので、できることなら、甲からきているものを優先的に丙に贈与したと考えたほうが納税者有利になります。つまりこのケース、47株は乙から丙に移していますけれど、そのうち37株については甲からき

[110]

たものだと。そう考えたほうがより有利になりますので、そう考えます。ですから、乙が持っていた株式からは10株だけ丙に移っていると。そういうふうに考えます。そうすると免除については、（3）に書いてあるとおり、まずは乙から丙に移した段階で、甲からきた37株を丙に移しているというふうに見なされますので、その部分について免除されると。この設例2は、甲よりも先に乙が死亡するケースを取り上げています。（3）②のとこですね。甲よりも先に乙が亡くなっちゃったと。その場合には、今度は丙ですね。丙は乙から47株もらって納税猶予を受けているのですけれども、そのうち贈与者である、丙から見た場合、乙が贈与者ということになりますけれど、何株免除されるのかというと、あくまでもここで免除されるのは乙がオリジナルで持っていた部分です。その部分が免除されます。ですから10株分です。残りの37株は、これは1代目、甲からきているものですから、これについては甲が死亡したとき初めて免除になります。

［第5節］ 精算課税とみなし相続

それから図33、34ですけれども、これは精算課税とみなし相続です。平成29年度改正で、精算課税が納税猶予でも適用できるという改正が入りました。さらに平成30年度改正では、いわゆる直系卑属以外に、納税猶予の場合、納税猶予を受ける場合に限っては、直系卑属以外でも精算課税適用になりますというような改正が入っていますけれども、いずれにしても精算課税というのは、要は相続が起きると持ち戻します。それから、贈与で納税猶予を受けている場合に、贈与者に相続が発生すると、同じくみなし相続ということで持ち戻します。

そうすると同じく持ち戻しの規定が、精算課税とみなし相続で2つあることになります。それの規定が重なって適用されないように調整をかけているという話が、図33と図34に書いてあります。

図33）自社株納税猶予 精算課税とみなし相続 例1

〈贈与により1代目から3代目まで株式が移転している場合で、1代目が死亡したとき〉

ア　納税猶予の適用を受ける受贈者がその有する対象受贈非上場株式等（相続時精算課税制度の適用を受けるものに限る）の全部又は一部について措法70の7⑮三の規定の適用に係る贈与をした場合

イ　受贈者に係る贈与者の相続が開始したとき

→当該贈与をした対象受贈非上場株式等については、相法21の14から21の16までの規定は適用しない

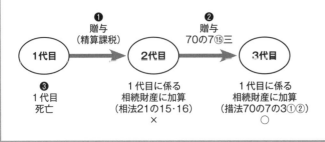

まず図33を見ていきたいと思いますけれども、下に簡単な図が描いてありますので、そちらを見てください。

まず1代目から2代目に贈与。ここで精算課税を使っているという前提です。1代目から2代目に精算課税で株を移して、2代目が納税猶予を受けています。さらに5年経過後、2代目から3代目に贈与して、3代目が納税猶予を受けますと。この2番のところの贈与というのは、1番の1代目からきている株です。それが2代目を経由して3代目に移っているという前提です。その前提で、仮に1代目が死亡した、相続発生したと。そうすると、普通に考えると、1代目から2代目に精算課税で移っているものはすべて、1代目が死亡したときに、2代目が取得した財産というかたちで持ち戻しになりますけれども、ただ既に、2代目で止まっていればいいのですけれど、この場合は2代目から3代目に移っていますので、3代目に移っている部分まで精算課税で持ち戻しをするとまずいので、3代目までいっている部分に関しては、1代目に相続が発生した場合、2代目の財産では戻さないと。

要するに精算課税は、その部分については適用しない。あくまでもそれは3代目が取得したものとみなして、みなし相続のほうで持ち戻すというかたちになります。この図はそれを意味しています。

図34）自社株納税猶予 精算課税とみなし相続 例2

〈 贈与により1代目から3代目まで株式が移転している場合で、
2代目が死亡したとき 〉

ア　納税猶予の適用を受ける受贈者のその適用に係る贈与が措法70の7⑮三の規定の適用に係る贈与（相続時精算課税制度の適用を受けるものに限る、第二贈与）であること

イ　対象受贈非上場株式等が第二贈与者が第一贈与者（第二贈与前に第二贈与者に当該対象受贈非上場株式等の贈与をした者）からの贈与により取得をしたものであること

ウ　第二贈与者が死亡したとき

→受贈者が第二贈与により取得をした対象受贈非上場株式等については、相法21の14から21の16までの規定は適用しない

第2章　事業承継自社株納税猶予（税法）　　　[113]

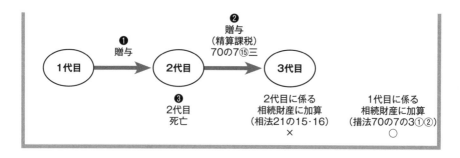

　それから似たような話ですけれど、図34。これも一番下の図を見ます。これは1代目から2代目に贈与しました、それをもって2代目が納税猶予を受けています。さらに5年経過後、2代目から3代目に同じく贈与している。この図34の場合には、2代目から3代目にいったときに精算課税を使っています。そういう前提です。先ほどは1代目に相続が起きたという前提ですが、今度はそうじゃなくて2代目、1代目よりも先に2代目に相続が発生しましたと。そうするとこれも単純に考えると、2代目から3代目に精算課税で移っていますので、2代目死亡した段階で、精算課税で3代目に移っている部分は、本来は2代目から3代目が取得した財産というかたちで持ち戻しになりますけれども、これはもともと1代目からきているものなので、1代目からきているものに関しては、2代目の死亡時には持ち戻しはしません。

　つまり精算課税は適用しません。どのタイミングで持ち戻すのかというと、1代目の相続が発生した段階で持ち戻しをすると。みなし相続として切り替えるというかたちになります。

[第6節] **手続**

図35) 自社株納税猶予 贈与の手続①

＜贈与＞

1. 納税猶予適用時

　（1）円滑化法（認定申請期限）

　　①原則：贈与日の翌年1月15日

　　②例外：

　　　ア　申告期限前に贈与者の相続が開始した場合（注）

　　　　　相続開始日の翌日から8カ月経過日又は贈与日の属する年の翌年
　　　　　1月15日のいずれか早い日

　　　　注：贈与年において相続が発生し、かつ、贈与財産の価額が相続税
　　　　　　の課税価格に加算されることとなる場合を除く

　　　イ　申告期限前に受贈者の相続が開始した場合

　　　　　相続開始日の翌日から8カ月経過日

　まずは贈与で、図35は入り口の段階です。納税猶予適用時です。まずは、円滑化法で認定を受けなくてはいけないということで、それの申請期限が贈与日の翌年1月15日と書いてあります。

　なんで1月15日かというと、手続きは基本的には円滑化法を先にやって、そのあと税法での手続きということになります。円滑化法と税法との手続きの間、2カ月猶予しています。だからなんでこれ1月15日というと、贈与税の申告期限が3月15日ですから、それの2カ月前までに認定申請をすることになっているということになります。2カ月間ってちょっと頭の片隅にでも入れておいていただくと、理解しやすいかなと思います。

第2章　事業承継自社株納税猶予（税法）　　［115］

図36) 自社株納税猶予 贈与の手続②

　(2) 税法 (申告期限)

　　①原則：贈与日の翌年3月15日

　　②例外：申告期限前に受贈者が死亡した場合

　　　　　相続開始日の翌日から10カ月経過日

2. 継続届出時

　(1) 円滑化法 (継続届出期限)

　　　基準日の翌日から3カ月経過日 (贈与税申告期限から5年間)

　(2) 税法 (継続届出期限)

　　　第一種贈与基準日 (注1) の翌日から5カ月経過日
　　　(贈与税申告期限から5年間)

　　　第二種贈与基準日 (注2) の翌日から3カ月経過日
　　　(贈与税申告期限から5年超)

　　　注1：承継期間中は贈与税申告期限 (受贈者が先に相続税の納税猶予
　　　　　　の適用を受けている場合には相続税申告期限) の翌日から1年経
　　　　　　過するごとの日

　　　注2：承継期間経過後は承継期間の末日の翌日から3年経過するごと
　　　　　　の日

　図36にいって、税法のほうは前述のとおり、贈与に関しては申告期限が贈与の翌年3月15日ということになります。

　それから図36の2番、継続届け出。先ほども出てきましたけれども、納税猶予を受け続ける限りにおいては、届け出を出し続けなければいけない。それは円滑化法も税法も両方要求されています。

　ただし円滑化法のほうは5年以内です。要は承継期間です。承継期間だけ円滑化法は届け出が必要と。税法は、5年超えても、引き続き必要になってくると。まず5年以内は円滑化法と税法両方必要になりますけれど、円滑化法のほうは、基本的には申告期限ベースになります。そこから3カ月以内に届け出を出すと。その後2カ月ですから、申告期限の応答日から起算すると5カ月以内ということになりますけれども、当初5年間は税法のほうは5カ月以内に出していくと。5年経過後は、円滑化法のほう

は関係なくなりますので、税法だけになりますから、申告期限の応答日から3カ月以内に継続届け出を出していくというかたちになります。ただし、5年経過後は毎年ではなくて、3年に一度というかたちになります。

図37）自社株納税猶予 贈与の手続③

3. 贈与者死亡時

（1）円滑化法

　①臨時報告期限

　　相続開始日の翌日から8カ月経過日（受贈者が免除を受けるため）
　　（確認申請する場合には、臨時報告と一緒に提出）

　　注：認定の有効期限前に相続開始した場合に限る

　②確認申請期限

　　相続開始日の翌日から8カ月経過日（受贈者が相続税納税猶予に切り
　　替えるため）

　　注：認定の有効期限後に相続開始した場合も同様

　それから図37は贈与者が亡くなった場合です。贈与者が死亡した場合の手続きは、円滑化法のほうは2つ基本的には必要になります。

　まず一つ目が臨時報告です。臨時報告。これは相続開始から8カ月以内にやるということです。やる理由を押さえておいてください。なんで臨時報告出すかというと、先ほど見たとおり、贈与者が死亡すると受贈者のほうは免除が受けられます。その免除を受けるためには臨時報告をしなければいけないと。そういうことです。ただしこの臨時報告をしなくてはいけないのが、①の注に書いてあるとおり、認定の有効期限前に相続を開始した場合に限る。この認定の有効期限は、要は5年間です。当初5年以内に贈与者が死亡した場合には、円滑化法の手続き、この臨時報告の手続きが必要になってくると。5年超えてからは、この臨時報告は要らないということになります。

　それからもう1つ、②確認申請期限とあります。これは同じく期限としては相続開始日から8カ月なので、①と同じですけれど、目的が違います。こちらの確認申請というのは、贈与者が死亡して相続に切り替える場合です。みなし相続で、さらにその相続税について納税猶予を受けるという場合。その場合には、円滑化法のほうは確認

申請が必要になります。

　注意するのは、こちらの②に関しては、5年経過後についても、円滑化法、手続きが必要になります。ということで、基本的には贈与者死亡したときには、臨時報告と確認申請と2つ出てきます。もっとも確認申請のほうは、切り替えたあとに相続税の納税猶予を受けなければ関係ないのですけれども、受けるのであれば必要になってくるということです。

図38）　自社株納税猶予　贈与の手続④

（2）税法

　①免除届出期限

　　該当日（相続開始日）以後10カ月経過日

　②申告期限

　　相続開始日の翌日から10カ月経過日

　　注：贈与者死亡の日の翌日以後、最初の到来する継続届出書の提出期
　　　　限が、相続税申告期限前にある場合には、「贈与者が死亡した場合
　　　　の非上場株式等についての相続税の納税猶予の報告書」を申告書
　　　　とともに提出

　それから税法のほうです。それは図38、まずは免除届け出期限です。これは先ほど見たとおり、贈与者死亡によって受贈者の贈与税が免除されますので、それの受けるための届け出です。それから申告です。これらはご存じのとおり、相続開始日から10カ月以内ということになります。

図39) 自社株納税猶予 贈与の手続⑤

4. 受贈者死亡時

（1）円滑化法（随時報告期限）

死亡日の翌日から4カ月以内（免除を受けるため）

注：認定の有効期限前に相続開始した場合に限る

（2）税法（免除届出期限）

該当日（相続開始日）以後6カ月経過日
（贈与者の死亡時以前に受贈者死亡）

5. 受贈者から後継者への贈与時（原則承継期間経過後）

（1）円滑化法

なし

（2）税法（免除届出期限）

後継者の贈与税申告書提出日以後6カ月経過日

　それから図39。受贈者が死亡した場合です。受贈者死亡した場合には、まず円滑化法のほうでは随時報告、先ほどの贈与者死亡の場合には臨時報告でしたけれども、受贈者死亡の場合には随時報告になります。4カ月以内です。これは免除を受ける場合です。免除を受けるために必要になってくるということです。

　ただしこれも有効期限、要するに5年以内に相続を開始した場合に限られます。ですから、5年経過後に受贈者が死亡した場合には、円滑化法の届け出は、報告の必要はないと。その代わり税法は必要になります。免除の届け出が6カ月以内に必要になってくるということになります。

　それから5番です。受贈者から後継者への贈与。これは要は免除対象贈与の話です。1代目から2代目に贈与して、2代目は贈与税の納税猶予を受けて、さらに5年経過後、2代目から3代目に贈与で移して、3代目が納税猶予を受けるという場合。2代目から3代目に移した段階で、1代目からきている部分については、2代目について免除を受けられるということですけれども、これは円滑化法のほうは特に手続きはありません。というのは、もう5年経過していますから。

第2章　事業承継自社株納税猶予（税法）　　[119]

一方税法のほうは、免除届け出が必要になってくるということになります。

図40）　自社株納税猶予　相続の手続

＜相続＞

1. 納税猶予適用時

　（1）円滑化法（認定申請期限）

　　　①原則：相続開始日の翌日から8カ月経過日

　　　②例外：申告期限前に相続人の相続が開始した場合

　　　　相続開始日の翌日から8カ月経過日

　（2）税法（申告期限）

　　　①原則：相続開始日の翌日から10カ月経過日

　　　②例外：申告期限前に相続人が死亡した場合

　　　　相続開始日の翌日から10カ月経過日

2. 継続届出時

　（1）円滑化法（継続届出期限）

　　　基準日の翌日から3カ月経過日（相続税申告期限から5年間）

　（2）税法（継続届出期限）

　　　第一種相続基準日（注1）の翌日から5カ月経過日
　　　（相続税申告期限から5年間）

　　　第二種相続基準日（注2）の翌日から3カ月経過日
　　　（相続税申告期限から5年超）

　　　注1：承継期間中は相続税申告期限（相続人が先に贈与税の納税猶予
　　　　　の適用を受けている場合には贈与税申告期限）の翌日から1年経
　　　　　過するごとの日

　　　注2：承継期間経過後は承継期間の末日の翌日から3年経過するごと
　　　　　の日

3. 相続人死亡時

　（1）円滑化法（随時報告期限）

　　　死亡日の翌日から4カ月以内（免除を受けるため）

　　　注：認定の有効期限前に相続開始した場合に限る

　（2）税法（免除届出期限）

該当日（相続開始日）以後6カ月経過日

4. 相続人から後継者への贈与時（原則承継期間経過後）

（1）円滑化法

なし

（2）税法（免除届出期限）

後継者の贈与税申告書提出日以後6カ月経過日

　それから相続。相続の場合も同じですので、基本的には2カ月、円滑化法の手続き
と税法の手続きの間、2カ月あるというところだけ押さえておいていただければ、あ
とは流していただければよろしいかと思います。

[第7節] **用語**

　図41、図42は何が書いてあるかというと、特別関係会社の定義、それから特定特別関係会社の定義が書いてあります。

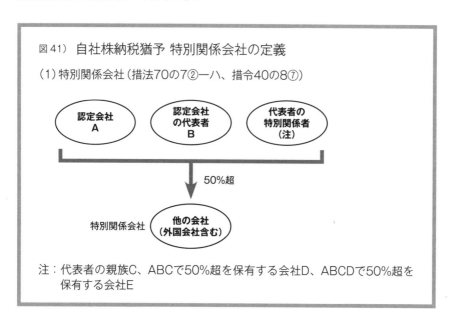

　まずは特別関係会社のほうから見ていきます。図41になります。この図で書いてあるとおり、特別関係会社というのは認定会社、これは要は納税猶予を受ける会社です。それからその代表者B、そしてその代表者の特別関係者、これを仮にCとすると、この3者でもって過半数を持つ他の会社が仮にあったとすると、それが特別関係会社になりますということです。

　この一番上に書いてある、右端の代表者の特別関係者で、注と書いてあります。一番下の注に書いてあるとおり、代表者の親族、代表者の特別関係者となり得る者というのはどういう者かというと、代表者の親族です。これを仮にCとしています。そしてこのA、B、Cで過半数を保有する会社D。それからさらにDも含めて過半数を保有する会社E。ここまでが代表者の特別関係者になってきて、これらでもって過半数を持つ他の会社が特別関係会社になると。

　基本的には、第3世代までが特別関係者に該当するということになると思います。

[122]

この第3世代とはどういう意味かというと、認定会社を頂点として考えると、認定会社A、ここにAと書いてありますが、認定会社A社の子会社です。これを仮にD社とします。Aの子会社D社、これが特別関係会社になりますし、同時に右上の代表者の特別関係者にもなりますので、子会社のさらに子会社、つまり認定会社からすると孫会社E。Eも特別関係会社になりますし、その孫会社もこの図でいうと右端の代表者の特別関係者になりますので、その孫会社が保有する子会社、ですから認定会社から見るとひ孫会社になります。

　つまり認定会社を頂点として見た場合に、認定会社の子、孫、ひ孫、いわゆる第3世代までが特別関係会社になるのかなということだと思います。これが特別関係会社の定義です。

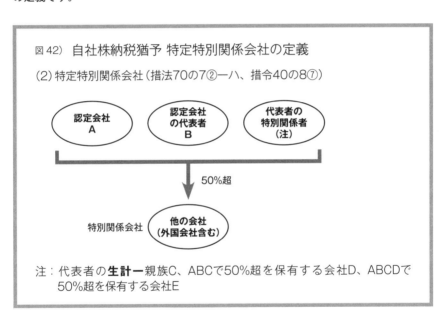

　図42は特定特別関係会社、冒頭の入り口のときに、特定特別関係会社というのは、とりあえずは納税猶予を受ける会社の関連会社と考えておいてくださいと述べましたけれど、厳密にいうとここに書いてある定義ですが、図41で見た特別関係会社とどこが違うかというと、一番下の注のところです。

　特別関係会社の場合には、代表者の親族は従来どおりの通常の親族、配偶者、6親等の血族、3親等内の姻族ということですけれども、それだとあまりにも広すぎるの

第2章　事業承継自社株納税猶予（税法）　　［123］

で、特定特別関係会社は生計一親族に限っています。代表者の生計一親族に限っているという点だけ違うということです。

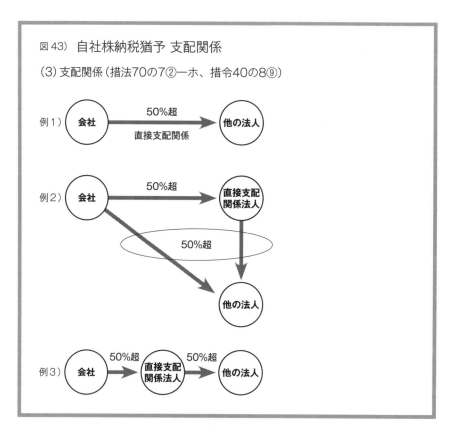

　それから、次に支配関係の図が図43に書いてあります。これはこのあと出てくることに関連してくるのですけれども、基本的には法人税の支配関係の話と同じになります。唯一違うのは、法人税の支配関係というのは、頂点が個人も法人もあるというような前提での書きかたになっていますけれども、納税猶予でいうと、支配関係は頂点は会社だけが想定されていると。そこだけ違うのだと思います。

[第8節] **判定方法**

それから、最初の要件の中で、贈与の場合でいうと図2、Aの6番。贈与時において、基本的には従業員1人以上必要です。ただ一定の場合に、5人以上必要という話になりました。その一定の場合っていうのが、図3の真ん中の注3です。ここの話をしておきたいと思うので、どういう場合に5人になるのかという話です。それをまとめて書いてあるのが、レジュメの図44の(1)になります。

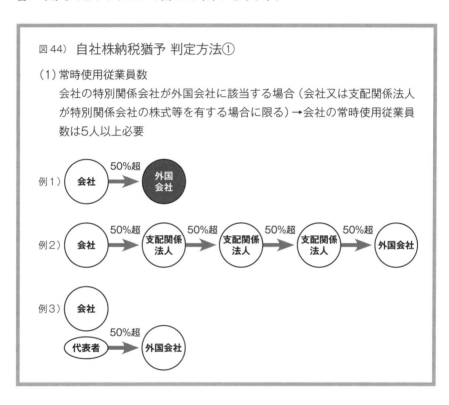

どういう場合に5人になるのかというのは、そこの冒頭の2行に書いてあります。会社の特別関係会社が外国会社に該当する場合。なおかつ会社または支配関係法人が特別関係会社の株を有する場合です。この場合には、もともとの認定を受けようとする会社については、従業員数が1人ではなくて5人以上必要と。

典型的なのは例1です。一番左の会社と書いてあるのは、すべて納税猶予を受けよ

うとする会社のことです。納税猶予を受けようとする会社が直接外国会社を、要は
50%超、要は子会社ということです、子会社の中に外国会社があると。この場合には、
最初の2行を見ていただきたいのですけれど、まずこの外国会社はこの納税猶予を受
けようとする会社にとって特別関係会社に該当しますし、また納税猶予を受けようと
する会社自身がこの特別関係会社、外国会社の株を持っています。そのため、この場
合には納税猶予を受けようとする会社の従業員数は、1人ではなく5人以上が必要と。

それから例2。例2は、直接ではなく、いわゆる間接保有です。見ていただいたら
わかるとおり、一番上の納税猶予を受けようとする会社の子会社、孫会社、ひ孫会社
が、外国会社の株を過半数持っていると。ずっと50%超で、支配関係は続いている
のですけども、ひ孫会社が外国会社の株を持っているケース。

このケースは結論からいうと、一番上の納税猶予を受けようとする会社については、
1人以上でいいのだろうと思います。なぜかというと、一番上を見ていただいたらわ
かるとおり、この外国会社は特別関係会社に該当しなくてはいけないと。特別関係会
社、先ほど述べたとおり第3世代までなので、納税猶予を受けようとする会社を頂点
とすると、子、孫、ひ孫までです。そこまでが特別関係会社に該当すると思いますの
で、一番右端の外国会社そのものは、支配関係はありますけれども、特別関係会社に
は該当してこないだろうということです。

だから逆にいうと、1つ会社をなくして、一番上の納税猶予を受けようとする会社
の孫会社が外国会社の株を過半数持っているようなケースは、5人以上必要だろうと
いうことだと思います。

それから例3。例3は、外国会社があるのですけれども、外国会社の株を持ってい
るのは、納税猶予を受けようとする会社の代表者個人が過半数持っていますと。納税
猶予を受けようとする会社自身は、外国会社の株は持っていませんと。そういう前提
です。この場合も結論的には1人以上でいいと。なぜかというと、確かにこの外国会
社は、納税猶予を受けようとする会社の特別関係会社には該当してきます。該当して
くるのですけれど、この会社自身あるいはその支配関係法人が、この外国会社の株
を持っているかというと持っていません、矢印が出ていませんから。ですので、この
場合には、納税猶予を受けようとする会社については、1人以上でいいだろうという
ことです。

逆にいうと、納税猶予を受けようとする会社が1株でもこの外国会社の株を持って

いるような場合には、その場合には5人以上必要だろうということだと思います。ということで、1人でいいのか5人以上必要なのか、ちょっと微妙なところで分かれる場合があるので、注意をしてください。

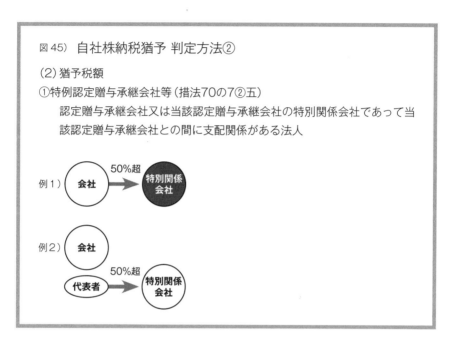

それから次の図45以降ですが、今度は猶予税額の計算です。贈与のほうで見ておくと、図20に戻って、先ほど見たとおり、贈与の場合の猶予税額は基本的には簡単です。納税猶予を受けようとする株だけを対象として贈与税を計算すればいいということなのですが、一定の場合には調整計算必要と。

その一定の場合というのは図21に書いてあり、一番上の注の1のところです。特例承継会社、要は納税猶予を受けようとする会社で、そこは「等」って書いてあります。特例承継会社だけではなく、特例承継会社を含めて、ある会社も含めるのですけれども、その特例承継会社等が一定の法人の株を持っている場合には、納税猶予を計算するときに特例承継会社等が持っている、実際には持っているのですけれど、その株を持っていないものとして税額計算をするということになります。

一番最初の冒頭部分、特例承継会社等というのはどういう会社をいうのかというと、そのすぐ下のところです。特例承継会社または、この後半部分です。特例承継会社の

特別関係会社であって、特例承継会社との間に支配関係がある法人。これがいわゆる「等」の部分になります。まずその「等」の部分はどういう会社になるのかというのを図で示したのが、図45になります。

図45に定義をもう一回載せておきましたけれども、特例承継会社の特別関係会社であって、特例承継会社との間に支配関係がある法人と。シンプルな例を2つだけ挙げておきましたけれど、まず該当するケースです。

例の1、納税猶予を受けようとする会社が直接50%超を、特別関係会社の株を持っている場合です。その場合、この特別関係会社、黒くなっていますけれど、これが等の部分に該当してきます。確認していただきたいのは、この特別関係会社は、納税猶予を受けようとする会社にとって、文字どおり特別関係会社に該当しています。なおかつ、納税猶予を受けようとする会社自身と支配関係が、50%超ですから、支配関係があるということです。

一方、例2。例2は、さっきも述べたことがありましたが、特別関係会社であるのですけれど、株を持っているのは代表者個人です。この場合には、この特別関係会社というのは、納税猶予を受けようとする会社にとっては文字どおり特別関係会社に該当してきますけれども、後半部分です。納税猶予を受けようとする会社との間に支配関係ありません。支配関係ではないので、この例2の特別関係会社の場合には、この特別関係会社はさっきの「等」のほうには入ってこないということになります。まずどういう法人が一定の株を持っている場合、どういう法人というのは、納税猶予を受ける会社だけじゃなくて「等」の部分です。「等」の部分はどういう法人なのかということを、まず見てみました。

実際に調整をする必要がある場合です。それはどういう場合かというと、また戻って図21。図21の注1-2の部分です。一定の法人の株を持つ場合ということで、全部で3パターンあります。3パターンありますけれど、2パターンだけちょっと簡単に見ておきます。まずアの部分、特例承継会社等が外国会社の株を有する場合です。ただし単純な外国会社じゃなくて、そこの括弧書きに書いてあるとおり、特例承継会社の特別関係会社に該当する外国会社の株を特例承継会社等が保有している場合になります。

[128]

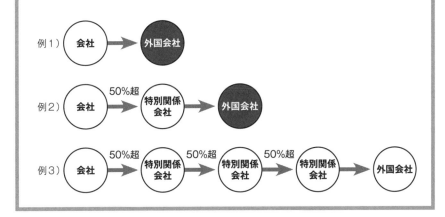

それを図で表したものが図46です。

例1、これは、納税猶予を受けようとする会社自身が外国会社の株を持っているケースです。これがまさに該当してくるということです。

例2は、直接ではなくて間接保有です。会社にとっての特別関係会社が外国会社の株を持っているケース。

例3も同じですが、例3の場合には、これは調整が要らないだろうと思います。というのは、確かに間接保有で外国会社の株を持っているのですけれども、その外国会社自身は特例承継会社の特別関係会社には該当してこないと思いますので、この場合には調整計算要らないのではないかというふうに思います。

それから、もう1つ調整が必要になる場合というのが、図21に戻って、注1-2のイのaの部分です。複雑に書いてありますけれども、要は上場会社の株を持っているケースです。上場会社の株を3％以上持っているケース。厳密にいうと、そこのイのところに書いてあるとおり、特例承継会社それからその代表者、さらにその特別関係者でもって上場会社の株を3％以上持つような場合です。さらに条件があって、イのところの最後の括弧書きですけれども、特例承継会社が資産保有型会社等に該当しない場合

にあっては、aを除くとあります。

図47) 自社株納税猶予 判定方法④

　イ　特例認定贈与承継会社、当該特例認定贈与承継会社の代表者及び当該代表者の特別関係者が有する次の法人の株式等の数が、次に定める場合における当該法人（当該特例認定贈与承継会社が資産保有型会社等に該当しない場合（注）を除く）
　　法人（医療法人を除く）の株式等（非上場株式等を除く）：当該法人の発行済株式の総数の3％以上に相当する数
　　　注：実態要件を満たさなくても資産保有型会社等に該当しない場合をいう

例1) 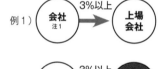　注1：実態要件によらずに資産保有型会社等に該当しない

例2) 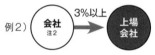　注2：実態要件を満たす資産保有型会社等に該当する

　何をいっているかというと、そこからの説明は図47です。書いてあるのは、まったく同じことです。注意するのは、要は、納税猶予を受けようとする会社が上場会社の株を持っている場合に、調整が必要な場合と要らない場合とあるということです。

　ポイントは、イの括弧書きのところです。特例承継会社が資産保有型会社等に該当しない場合には、調整計算は要らないということです。この資産保有型会社等に該当しない場合とはどういう場合かというと、要は、まったくその資産保有型会社に該当しない、通常の事業会社というか。

　この資産保有型会社というのは、税務の場合には、先ほど最初のほうで見ましたとおり、2段階になります。最初に普通に判定して、資産保有型会社に該当するかどうか。該当しなければ全然問題ないわけです。ただ第1段階の判定で、資産保有型会社に該当した場合。該当した場合でも、次に実態要件満たすかどうかで第2段階に判定が進み、実態要件満たすのであれば、資産保有型会社に該当しても納税猶予を受けられる

という話をしました。ここの資産保有型会社等に該当しない場合、つまり調整計算が不要な場合というのは、単純に第1段階の判定で資産保有型会社にならないケースです。その場合には調整計算は要らないよと。それが例の1です。例の1の右側のところに、実態要件によらずに資産保有型会社に該当しないと書いてありますけれど、要は、納税猶予を受けようとする会社自身は普通の事業会社なので、もともと資産保有型会社に該当しません。

調整計算が必要なのは例2です。もともと納税猶予を受けようとする会社は資産保有型会社に該当するのですけれども、実態要件を満たすので、例外的に納税猶予は受けられますと。その会社が、例えば上場会社の株を3%以上持っているような場合には、この場合には調整をする必要があるということになります。ですので、これも調整が必要なケースなのか、そうでないのか、きちんと分けていただきたいと思います。

図 48） 自社株納税猶予 判定方法⑤

③具体的な計算方法

　特例認定贈与承継会社又は当該特例認定贈与承継会社の特別支配関係法人
が有していなかったものとされる外国会社等の株式等の価額及び当該外国
会社等から受けた配当金に相当する金額を除外したところで計算

　ア　特例認定贈与承継会社が外国会社等の株式等を有する場合

　　　当該特例認定贈与承継会社が外国会社等の株式等を有していなかっ
たものとして計算した価額

　イ　特例認定贈与承継会社の特別支配関係法人が外国会社等の株式等を有
する場合

　　　当該特別支配関係法人が外国会社等の株式等を有していなかったも
のとして計算した当該特別支配関係法人の株式等の価額を基に当該
特例認定贈与承継会社の株式等の価額を計算して得た価額

純資産価額方式の場合➡外国会社等の株式等の価額を除外

類似業種比準方式の場合➡利益金額から外国会社等から受けた配当金に相当
する金額を除外、純資産価額から外国会社等の株
式等の価額を除外

　外国会社とか上場会社の株を持っていて、なおかつ調整が必要な場合に、具体的に
はどういうふうに調整をするのですかという話が図48です。いろいろ書いてありま
すけど、基本的には一番上のところです。特例承継会社または特例承継会社の特別支
配関係法人が有していなかったものと。だから本当はその外国会社とか上場会社の株
を持っているのだけれど、それを持って保有していないものとして株価を計算すると。
なおかつ、外国会社から受けた配当金があれば、その配当金もはずして計算するとい
うのが基本です。

　具体的には一番下を見てください。図48の一番下。純資産方式で計算する場合には、
外国会社とか上場会社の株式をはずして計算をすると。それから、類似で計算する場

[132]

合には、類似の場合には基本的に要素が利益、配当、純資産とあります。そのうちま
ず利益のほうからは配当金、外国会社とか上場会社からの配当があれば、その部分を
除く。さらに純資産ですね。いわゆる資本金とプラス利益積立金の部分です。そこか
ら外国会社の株をはずします。この外国会社の株というのは帳簿価額です。法人税法
上の帳簿価額ですね。要するに、この純資産はこれまで見てきたとおり、資本金とプ
ラス利益積立金、つまり税務上の純資産から引くということですから、引くべきもの
は法人税法上の外国会社等の帳簿価額になるということになります。

　具体的な計算は今回、書きませんでしたけれども、基本的な考え方はそういうこと
になります。ですので、この調整計算が必要になってくる場合には、100％納税猶予
はできないので、部分的に税金は発生します。そこは理解はしておいてください。

　今回の話は別にすべてをお話ししたわけではありません。ごくごく一部分しかお話
ししていません。ですので、また一応法令通達は全部出ています。出ていますけれど
も、それの解説、細かい解説というのはまだ多分出てないと思いますので、今後出て
くると思います。

第3章

消費税納税義務の特例

第1節　納税義務免除の特例

第2節　特定期間

第3節　高額特定資産

第4節　特定新規設立法人

辻・本郷 税理士法人　審理室長・税理士　　安積 健

第3章では消費税の納税義務の免除の特例を取り上げます。納税義務の免除という
と、大抵は小規模な会社が中心になると思いますけども、特定新規設立法人の特例も
ありますので、注意をしてください。

［第1節］　**納税義務免除の特例**

図1)　　納税義務免除の特例

小規模事業者に係る納税義務の免除（消9①）

　①課税事業者の選択（消9④）

　②前事業年度等における課税売上高による納税義務の免除の特例（消9の2
　　①）（H23改正）

　③合併があった場合の納税義務の免除の特例（消11）

　④分割等があった場合の納税義務の免除の特例（消12）

　⑤新設法人の納税義務の免除の特例（消12の2①）

　⑥特定新規設立法人の納税義務の免除の特例（消12の3①）（H25改正）

　⑦高額特定資産を取得した場合の納税義務の免除の特例（消12の4①）
　　（H28改正）

　納税義務の免除に関する規定をまとめたのが図1になります。

　まず、その元になる納税義務の免除の規定があり、それに対する特例として①から
⑦まであります。①は、いわゆる課税事業者の選択届出書を出すことによって課税事
業者になる場合です。それから②、前事業年度における課税売上高による納税義務の
免除の特例。これは、いわゆる特定期間の課税売上高、あるいは給与で判定をすると
いうものです。平成23年度の改正で新たに入ったものになります。それから③と④、
こちらは組織再編ですね。合併や分割があった場合にも納税義務の免除の特例があり
ます。それから⑤、新設法人の納税義務の免除の特例ですね。基準期間がない事業年
度でも、資本金が1,000万円以上の場合、納税義務が免除されない規定ですね。それ

[136]

から⑥、特定新規設立法人の納税義務の免除の特例。そして⑦、高額特定資産を取得した場合の納税義務の免除の特例です。⑥、⑦は比較的最近に入った特例になります。特例は7つありますが、今回取り上げるのは、②の特定期間と、それから⑥、⑦の特定新規設立法人と高額特定資産、この3つについて簡単に見ていきます。

［第2節］　特定期間

図2）　特定期間①

1. 概要（消法9の2）

　①基準期間における課税売上高が1,000万円以下であること

　②**特定期間**における課税売上高（注）が1,000万円を超えること

　　→納税義務は免除されない

　注：特定期間中に支払った給与等の金額の合計額をもって判定することも可

　　　（非課税交通費は含めない、未払は含まれない）

　まずは、特定期間に関するところから見ていきます。図2をご覧ください。概要としては、まずは基準期間における課税売上高が1,000万円以下ですね。その場合でも、特定期間における課税売上高が1,000万円を超えると、納税義務が免除されないことになります。基本的には特定期間における課税売上高で判定しますが、特定期間における給与で判定しても構わないということになっております。それが注のところです。特定期間中に支払った給与の金額の合計額をもって判定することもできます。

　ここでの注意点は2点あります。支払った給与に、いわゆる未払いがある場合には、それは含めずに判定をするというのが1つ。それから、ここでいう給与は、いわゆる給与課税されるものだけを集計するということになりますので、非課税となるような交通費は含まれないという点ですね。なお、例えば出向の場合、その出向者個人に対する給与の支払いは出向元法人から直接払っており、その代わり、出向先法人から出向元法人に給与の負担金は支払うというケースがあります。法人税では、出向先法人が出向元法人に対して払うのは給与という扱いになりますけれども、給与そのものではありませんので、ここでの特定期間の給与を集計する場合の給与には含まれないため、注意をしてください。

図3）　特定期間②

2. 特定期間

　　①個人事業者…その年の前年1月1日から6月30日までの期間

　　②その事業年度の**前事業年度**（短期事業年度を除く）が**ある法人**

　　　…**当該前事業年度開始の日以後6月の期間**（注1）

　注1：6カ月の期間の末日が次の各号に掲げる場合に該当するときは、前事
　　　　業年度開始の日から当該各号に定める日までの期間を当該6カ月の期
　　　　間とみなす（消令20の6①）。

　　　　（課税売上高の集計期間を決算日に揃え集計を容易にするため）

　それから、図3以降で、特定期間がいつになるかという話ですが、②を見てください。法人の場合ですね。基本的には前事業年度がある法人については、前事業年度開始の日以後、6カ月の期間となります。そこの注1に、規定としては細かいですが、6カ月の期間の末日ですね。それが次の図4に書いてありますが、それぞれに定める日までの期間を、その6カ月の期間とみなすという、みなし規定が入ってます。規定としては細かいですが、考え方は括弧書きに記載のとおり、特定期間における課税売上なり給与を集計するときには、決算日に合わせて集計すると便利であるということです。

　例えば月末決算であれば、特定期間の集計も、月末までの課税売上高なり給与を集計したほうがいいということです。あるいは月末ではなく、例えば20日締めの決算の会社であれば、20日で特定期間を区切って集計したほうが集計しやすいということです。そのような配慮から定められてる規定です。

第3章　消費税納税義務の特例　　　[139]

図4）　特定期間③

一　上記6カ月の期間の末日がその月の末日でなく、かつ当該前事業年度終了の日が月の末日である場合

　　→当該6カ月の期間の末日の属する月の前月の末日

二　上記6カ月の期間の末日がその日の属する月の当該前事業年度の終了応当日（※）でなく、かつ当該前事業年度終了の日が月の末日でない場合

　　→当該6カ月の期間の末日の直前の終了応当日

※終了応当日：当該前事業年度終了の日に応答する当該前事業年度に属する各月の日

　具体的には次の図4になります。

　一は、6カ月間の期間の末日は月末でなく、かつ前事業年度終了の日が月末である場合ですね。要は、決算日が月末の場合には月末で合わせるというものです。具体的には、6カ月間の末日の属する月の前月の末日となります。基本的には、月末決算の場合には月末で合わせるということです。

　それから、二は、決算日が月末以外の場合であり、例えば20日締めで20日が決算日になってるようなケースとなります。その場合には、特定期間の課税売上なり給与を集計するときも、20日で切って集計することになります。それから、基本的には前事業年度の上半期6カ月で判定しますが、前事業年度が短期事業年度に該当する場合には、前事業年度では判定しないことになります。

```
図5）　特定期間④

＜短期事業年度＞（消令20の5①）
ア　その事業年度の前事業年度で7カ月以下であるもの
イ　その事業年度の前事業年度が7カ月超であり、かつ、上記6カ月の期間
　　の末日（注2）の翌日から当該前事業年度終了の日までの期間が2カ月未
　　満であるもの
注2：上記注1の各号に掲げる場合に該当するときは当該各号に定める日
```

　短期事業年度は何かというのが、図5に書いてあります。短期事業年度に該当するかどうかの考え方ですが、基本的に特定期間というのは6カ月間必要になります。それから、6カ月間の課税売上高なり給与を集計しなければいけないわけですが、集計するための時間も必要です。その集計するための時間を、2カ月と考えております。これは、決算を考えていただければいいと思います。

　消費税の申告は、決算日から2カ月以内となってますが、それと同じです。したがって、この短期事業年度に該当するかの判定は、特定期間として、まず半年あるかどうかということになります。それから、特定期間の課税売上高なり給与を集計する2カ月間ですね。よって、合わせて8カ月確保されていることを確認する必要があります。

　確保されていない場合には短期事業年度になると考えればいいと思います。アのほうは、7カ月以下ですね。前事業年度が7カ月以下であれば、集計期間を含めて8カ月ありませんので、短期事業年度に該当することになります。それからイのほうは、7カ月分はありますが、6月の期間の末日から前事業年度の終了の日まで、つまり集計期間として2カ月に満たないことになります。この場合、短期事業年度に該当するため、集計をしないことになります。

第3章　消費税納税義務の特例　　　　［141］

図6）　特定期間⑤

③その事業年度の**前事業年度が短期事業年度である法人**

…その事業年度の前々事業年度（注3）開始の日以後6カ月の期間（当該前々
　事業年度が6カ月以下の場合には、当該前々事業年度開始の日からその終
　了の日までの期間）（注5）

　それでは、前事業年度が短期事業年度に該当する場合、どこで判定をするかという
のが図6になります。その場合には、さらに前の事業年度に遡ることになり、前々事
業年度の開始の日以後、6カ月の期間で判定をすることになります。したがって、前
事業年度をまずは見ますが、それが駄目ならば、さらに遡ることになります。

図7）　特定期間⑥

注3：次に掲げるものを除く（消令20の5②）

　一　その事業年度の前々事業年度で当該事業年度の基準期間に含まれるも
　　　の

　二　その事業年度の前々事業年度が6カ月超であり、かつ、上記6カ月の
　　　期間の末日（注4）の翌日から当該前々事業年度の翌事業年度終了の
　　　日までの期間が2カ月未満であるもの

注4：下記注5の各号に掲げる場合に該当するときは当該各号に定める日

　三　その事業年度の前々事業年度が6カ月以下であり、かつ、その翌事業
　　　年度が2カ月未満であるもの

注5：6カ月の期間（上記③の前々事業年度が6カ月以下である場合における
　　　当該6カ月の期間を除く）の末日が次の各号に掲げる場合に該当する
　　　ときは、前々事業年度開始の日から当該各号に定める日までの期間を
　　　当該6カ月の期間とみなす（消令20の6②）。

　一　上記6カ月の期間の末日がその月の末日でなく、かつ当該前々事業年
　　　度終了の日が月の末日である場合
　　　→当該6カ月の期間の末日の属する月の前月の末日

二　上記6カ月の期間の末日がその日の属する月の当該前々事業年度の終了応当日（※）でなく、かつ当該前々事業年度終了の日が月の末日でない場合
　→当該6カ月の期間の末日の直前の終了応当日
※終了応当日：当該前々事業年度終了の日に応答する当該前々事業年度に属する各月の日

　前事業年度が短期事業年度に該当して前々事業年度で見る場合、その場合も、一定の場合には特定期間にならないと判断していきます。それが図7です。
　まず注3の一、ですね。これは前々事業年度が、事業年度の基準期間に該当するものです。特定期間の判定は、基準期間における課税売上高が1,000万円を超えないという前提のため、ここではもう考える必要がないということになります。
　それから、注3の二及び注4の一は、先ほどと同様、特定期間として6カ月、集計期間として2カ月を確保できるか、できないかですね。確保できない場合には、そこでは見ることができないことになります。

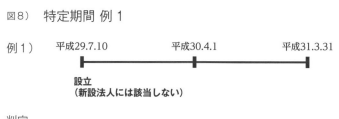

図8）　特定期間　例1

例1）　平成29.7.10　　平成30.4.1　　平成31.3.31
　　　設立
　　　（新設法人には該当しない）

判定
①前事業年度　H29.7.10～H30.3.31→8カ月以上
②6カ月の期間の末日　H30.1.9
　→その月の末日ではなく、かつ、前事業年度終了の日が月の末日である（消令20の6①一に該当）
∴6カ月の期間の末日＝当該6カ月の期間の末日の属する月の前月の末日
　　　　　　　　＝H29.12.31
結論：特定期間＝H29.7.10～H29.12.31

具体的に、簡単な設例をいくつか見ていきたいと思います。図8を見てください。

まず例1ですが、これは平成29年の7月10日に会社を設立し、決算日は3月末、3月決算の法人です。問題となるのは、平成30年4月1日からスタートし平成31年3月末で終わる事業年度、ここの納税義務の判定です。当然、基準期間はありません。そのため、前事業年度ですね。まず1期目、これは平成29年7月10日から平成30年3月31日であるため、8カ月あることになります。その場合、6カ月の期間の末日、これがいつになるかというと、設立日からカウントしていきます。平成29年7月10日から6カ月目ということになりますので、平成30年の1月9日になります。本来であれば、この1月9日まで集計することになりますが、このケースは期末が3月31日と月末決算の会社になります。この場合には、特定期間の集計期間も月末に合わせるということになります。6カ月の期間の末日は、単純に考えると平成30年の1月9日になるんですが、この平成30年1月9日よりも前で一番近い月末はいつかということになると、平成29年の12月末になりますから、そこまでが特定期間になります。

したがって、この例1の場合、特定期間は平成29年7月10日から平成29年12月31日までになり、この期間の課税売上高なり給与を集計することになります。

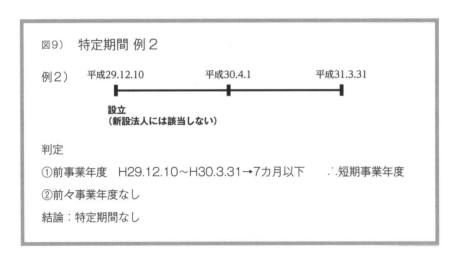

それから、次の図9、例2になります。

例1と違い、1期目の事業年度が平成29年12月10日からスタートして平成30年3月末で終わっており、3カ月ほどしかありません。したがって、特定期間が7カ月以下になるため、1期目は短期事業年度に該当してきます。

したがって、ここでは特定期間はありません。さらに、これが1期目であるため、さらに前の事業年度もないことから、2期目は納税義務がないということになります。

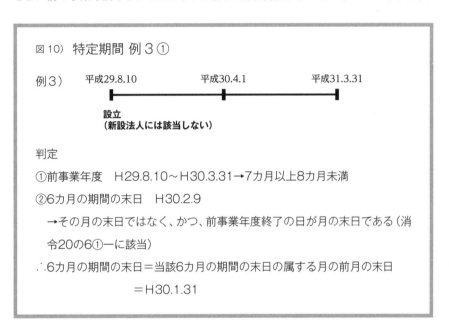

それから、図10、例3ですね。

1期目の期間が平成29年8月10日からスタートして平成30年3月末で終わっており、7カ月以上8カ月未満となります。判定の仕方は例1と同じく、まずは6カ月の期間の末日を計算すると、平成30年2月9日になります。

ところが、これは月末決算の会社のため、例1と同じく月末に合わせます。この場合、2月9日よりも前の月末は平成30年1月31日になります。基本的には、この平成29年8月10日から平成30年の1月31日までが特定期間になるのですが、もう1点、確認しなければいけないのは集計期間ですね。

集計期間として2カ月を確保されているかどうか。

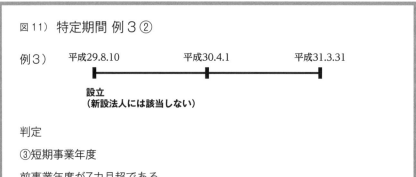

　集計期間をどのように判断していくかというと、6カ月の期間の末日は平成30年の1月31日のため、その翌日の平成30年2月1日から3月31日までとなります。この場合、ちょうど2カ月は確保されているため、短期事業年度には該当しないことになります。

　したがって、特定期間ありということになり、その特定期間は、平成29年8月10日から平成30年の1月31日までになるため、この期間における課税売上高なり給与を集計して判定をすることになります。

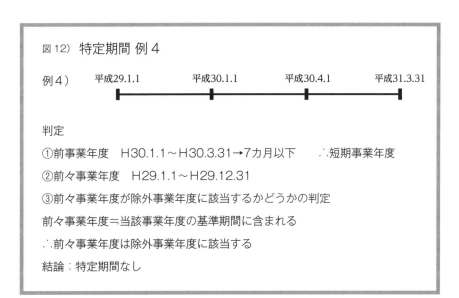

　それから、図12、例4ですね。
　こちらは途中で決算期を変更しているケースで、12月決算であった会社が、途中で3月決算に変更しているケースです。問題となるのは、平成30年4月1日からスタートして平成31年3月末で終わる事業年度、ここの納税義務の判定です。
　基準期間における課税売上高が1,000万円を超えていないという前提のため、その前事業年度ですね。前事業年度は平成30年1月1日スタートで、平成30年3月末で終わる事業年度のため、これは3カ月しかありません。したがって、7カ月以下ということで短期事業年度になります。
　そうすると、前事業年度では判定できないため、その前に遡ります。この場合、平成29年1月1日から平成29年12月末までになりますが、この期間は当期から見ると、いわゆる基準期間になります。したがって、この場合には、結果的に前事業年度は短期事業年度に該当、前々事業年度も除外事業年度に該当し、結果として特定期間はありません。

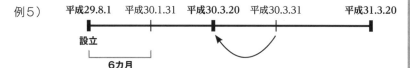

図13) 特定期間 例5

ケース1：6カ月の期間の末日（H30.1.31）**後**に決算期変更（3／31→3／20）

判定

その事業年度終了の日（**変更前の終了日**）がH30.3.31のため、6カ月の期間の末日はH30.1.31となり、その翌日（H30.2.1）から前事業年度終了の日（H30.3.20）までの期間が2カ月未満のため、**短期事業年度に該当**

ケース2：6カ月の期間の末日（H30.1.31）**以前**に決算期変更（3／31→3／20）

判定

その事業年度終了の日（**変更後の終了日**）がH30.3.20のため、6カ月の期間の末日はH30.1.20となり、その翌日（H30.1.21）から前事業年度終了の日（H30.3.20）までの期間が2カ月以上のため、**短期事業年度には該当しない**
（**H29.8.1からH30.1.20が特定期間**）

　そして最後になりますけど、図13、例5です。
　例4も決算期変更でしたが、この例5は、いつ決算期変更をしたかにより結論が変わってくるという設例です。
　例5は、平成29年8月1日に設立し、当初は月末、3月末決算でスタートしたのですが、途中で月末ではなく、3月20日締めに決算期変更したケースです。このように、月末決算を20日締めの決算に変える決算期変更の場合には、決算期変更をした時期によって結論が変わってくる可能性が出ます。
　ポイントは、特定期間として集計する期間を決算期変更前の決算日に合わせるのか、決算期変更後の決算日に合わせるのかで結論が変わってくるということです。

ケース1は、決算期の変更を6カ月の期間の末日後に決算期を変更しております。一方、6カ月の期間の末日以前に決算期を変更しているのがケース2です。

　まず、ケース1では、6カ月の期間の末日は平成30年1月31日であり、平成30年2月以降に決算期変更をしており、3月31日決算から3月20日決算に変えております。この場合、決算期変更前の期末に合わせます。当初3月31日決算でスタートし、それを3月20日決算に変えているため、決算期変更する前の期末は月末です。したがって、特定期間の集計も月末に合わせることになります。平成29年8月1日に設立しているので、6カ月の期間の末日は平成30年の1月31日になります。

　問題はその後の集計期間2カ月が確保されてるかどうかとなります。それは、6カ月の期間の末日の翌日、つまり平成30年2月1日から実際の決算日ですね。実際の決算日というのは、このケースでいうと、決算期変更した後、つまり平成30年3月20日までとなります。この場合、2月1日から3月20日となるため、2カ月が確保されていません。したがって、集計期間が2カ月に満たないため、短期事業年度に該当し、特定期間がないケースになります。

　これに対してケース2、こちらは6カ月の期間の末日以前に決算期変更してる場合になります。その場合、特定期間の集計は決算期変更後の期末までに合わせることになります。したがって、3月末決算から3月20日決算に変更してることから、20日で集計をするということになります。そうすると、単純に6カ月の期間の末日では、ケース1で見たとおり平成30年1月末になりますが、これは20日ではないため、それよりも前の日づけで一番近い20日は、平成30年1月20日になります。したがって、6カ月の期間の末日が平成30年1月20日になります。

　また、集計期間はその翌日、つまり平成30年1月21日から実際の期末、平成30年3月20日までとなり、2カ月が確保されることとなります。したがって、2カ月未満にはならないため、短期事業年度には該当しません。特定期間ありということで、その特定期間は平成29年8月1日から平成30年1月20日となり、その期間の課税売上高なり給与を集計して判定をすることになります。このように、決算期変更をした場合には、決算期変更をしたタイミングにより結論が変わってくる場合があります。

第3章　消費税納税義務の特例

［第3節］ 高額特定資産

図14）高額特定資産

要件：事業者（免税事業者を除く）が、簡易課税制度の適用を受けない課税
　　　期間中に国内における高額資産（注1）の仕入れ等を行った場合（注2）

内容：高額資産の仕入れ等の日の属する課税期間から当該課税期間の初日以
　　　後3年を経過する日の属する課税期間までの各課税期間においては、
　　　事業者免税点制度及び簡易課税制度は適用しない

　注1：高額資産とは、一取引単位につき、支払対価の額（付随費用は含め
　　　　ない）が税抜1,000万円以上の棚卸資産又は調整対象固定資産（棚
　　　　卸資産以外の資産（建物等）で税抜100万円以上のもの）

　注2：自ら建設等をした資産については、建設等に要した費用の額が税抜
　　　　1,000万円以上となった日の属する課税期間から、当該建設等が完
　　　　了した日の属する課税期間の初日以後3年を経過する日の属する課
　　　　税期間までの各課税期間において同様の措置を講ずる

適用時期：平成28年4月1日以後に高額資産の仕入れ等を行った場合につい
　　　　　て適用されます。ただし、平成27年12月31日までに締結した
　　　　　契約に基づき平成28年4月1日以後に高額資産の仕入れ等を行っ
　　　　　た場合には適用されません。

　続きまして、図14に進んでください。二つ目としては、高額特定資産ですね。こちらを取り上げていきます。

　まず前提で、一番上のところですね。免税事業者を除く事業者が簡易課税制度の適用を受けない課税期間中とは、要するに課税事業者が前提であり、原則課税で申告書を作成することになります。その課税期間中に、国内における高額資産の仕入れを行った場合の措置となります。

　高額資産とは、注1に記載のとおり、一の取引単位について、支払対価の額が税抜1,000万円以上の棚卸資産または調整対象固定資産となります。ポイントは1,000万

円以上というところですね。その高額資産の仕入れを行った場合、高額資産の仕入れ等の日の属する課税期間から、その課税期間の初日以後3年を経過する日の属する課税期間までの各課税期間において、事業者免税点制度及び簡易課税制度は適用しないことになります。

ここでは、事業者免税点制度及び簡易課税制度は適用しない、という表現にしていますが、簡易課税制度は適用しないという表現は、厳密には誤解を招く恐れのあるため、後述します。

次に注2ですが、これは自ら建設をした場合に、建設に要した費用の取り扱いです。これが1,000万円以上になった場合、同様の措置を講ずることになります。建設に要した費用の額が1,000万円以上になった日の属する課税期間から規制がスタートしますが、問題はそのあとですね。建設が完了した日の属する課税期間の初日以後3年を経過する日の属する課税期間までの各課税期間において同様の措置を講ずるということで、注意するのは、この3年は1,000万円以上になった日の属する課税期間から3年ではなく、その建設が完了した日の属する課税期間の初日から3年を経過する日の属する課税期間までということです。したがって実際に規制を受ける期間というのは、3年とは限りません。さらに長い期間になる可能性もあるので、注意をしてください。

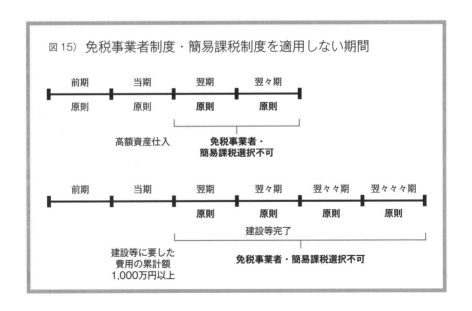

具体的には、図15をご覧ください。図15に2つほど簡単な例、図解を示しています。

まずは単純にものを購入するという場合、それが上のケースですね。当期に高額資産1,000万円以上の棚卸資産なり調整対象固定資産を仕入れています。その場合には、翌期と翌々期が制限を受けることになります。

事業者免税点制度について、高額資産を仕入れた課税期間の翌課税期間、設例でいうところの翌期から制限がスタートし、仕入れた日の属する課税期間の初日から3年を経過する日の属する課税期間、設例でいうところの翌々期まで制限を受けます。

したがって、事業者免税点制度に関しては、このケースでは翌期及び翌々期の2つの期について、免税事業者になることができないことになります。

一方、簡易課税制度について、前述にて、簡易課税制度は適用しないという表現は誤解を招く恐れがあると述べましたが、より正確な表現は、設例に記載のとおり、簡易課税制度の選択ができないということになります。したがって、高額資産を仕入れた課税期間の初日から、このケースですと翌期末まで簡易課税制度の選択届出書が提出できないことになります。つまり、届出書が提出できるようになるのは、翌々期になってからということになります。翌々期になってから届出書を提出するということは、実際に簡易課税が適用できるのは、さらにその次の期間となります。したがって、結果的に当期を含め、翌期も翌々期も簡易課税制度が適用できないことになるわけです。図14では簡易課税制度は適用しないと表現をしましたが、そのように理解をしてしまうと、判断を間違ってしまう恐れがあるため注意が必要です。

例えば、前期以前から既に簡易課税制度の届出書を出してるケースでは、基本的には簡易課税で申告することになります。ただし、基準期間における課税売上高が5,000万円を超えた場合、簡易課税制度の適用を受けることができませんよね。これを踏まえ、設例でいうところの当期の基準期間における課税売上高が5,000万円を超えている場合には、当期は原則課税で申告書を作成することになります。この当期に1,000万円以上の高額資産を仕入れた場合、翌期及び翌々期に簡易課税制度が適用できないのかというと、結論から述べると適用は可能です。あくまで規制がされるのは、簡易課税制度の選択届出書が提出できないだけであり、既に簡易課税制度の選択届出書が提出されている場合には、改めて提出する必要はありません。したがって、基準期間における課税売上高が5,000万円を超えているかどうかで判定し、超えていなければ原則どおり簡易課税制度を適用して申告することになります。このようなケース

もあるため、正確な理解をしていただきたいと思います。

　それから、下のケースですね。これは自ら建設してる場合で、建設に要した費用の累計額が当期に1,000万円以上になったケースです。

　まず事業者免税点制度に関しては、1,000万円以上になった課税期間の翌課税期間から規制がスタートして、それがいつまで続くかというと、前述のとおり1,000万円以上になったときから3年ではなく、建設が完了した日の属する課税期間の初日から3年になります。このケースですと翌々期に建設が完了したという前提で図が描いてあります。したがって、翌々期開始日から3年を経過する日の属する課税期間ということで翌々々期のところまで、免税事業者を選択できないことになります。

　それから、簡易課税制度も同じですが、上述のとおり、正確には届出書の提出ができない期間がいつからいつまでかということになります。この下のケースは、建設に要した費用の累計額が1,000万円以上になった課税期間の初日から提出ができないということになり、それがいつまで続くかというと、建設が完了した日の属する課税期間の初日から3年を経過する日の属する課税期間の初日の前日までということになります。したがって、翌々々期までの期間は簡易課税制度の選択届出書は提出できないことになります。つまり簡易課税制度の届出書が提出できるようになるのは、翌々々々期になるということです。

　したがって、この下のケースは、前述のとおり、実際に規制を受ける期間は3年とは限らず4年ということになります。上のケースの単純にものを買った設例とは制限される期間が変わってくる可能性があるため、区別するようにしてください。

第3章　消費税納税義務の特例　　　[153]

［第4節］ **特定新規設立法人**

図16） 特定新規設立法人①

1．概要（消法12の3①）

①その事業年度の基準期間がない法人（**新規設立法人**）**のうち**、

②その基準期間がない事業年度開始の日（**新設開始日**）**において特定要件
（注1）に該当し**、**かつ**、

③新規設立法人が特定要件に該当する旨の判定の基礎となった**他の者及び**
他の者と**特殊な関係にある法人（注2）のうちいずれかの者**の新規設立法
人の新設開始日の属する事業年度の**基準期間に相当する期間における課**
税売上高として計算した金額（注3）が**5億円を超えるもの（特定新規設**
立法人）については、

→特定新規設立法人の基準期間がない事業年度に含まれる各課税期間に
おける課税資産の譲渡等については、納税義務の免除の規定は、適用
しない（**平成26年4月1日以後に設立される新規設立法人で、特定新**
規設立法人に該当するものについて適用）

最後に、特定新規設立法人についてです。図16を見てください。

まず一つ目ですね。その事業年度の基準期間がない法人が前提となります。この基
準期間がない法人のことを、新規設立法人と呼びます。

それから二つ目としては、基準期間がない事業年度開始の日において、特定要件に
該当することが二つ目の要件になります。基準期間がない事業年度開始の日のことを、
新設開始日と呼びます。新設開始日というと、設立日のイメージがあるかもしれませ
んが、必ずしも設立日には限られません。基準期間がない事業年度開始の日というこ
とは、設立の日も新設開始日になりますが、例えば2期目の期首も同じように新設開
始日になります。いずれにしても、基準期間がない事業年度開始の日、新設開始日に
おいて特定要件に該当することが二つ目の要件です。

それから、三つ目ですね。新規設立法人が特定要件に該当する旨の判定の基礎とな

[154]

った他の者及び他の者と特殊な関係にある法人のうち、いずれかの者の新規設立法人の新設開始日の属する事業年度の基準期間に相当する期間の課税売上高が5億円を超える場合となります。この基準期間に相当する期間の課税売上高が5億円を超える場合には、その基準期間がない事業年度に含まれる課税期間について、納税義務の免除の規定が適用できないことになります。

概要は以上のとおりですが、まずは二つ目の特定要件を確認していきます。

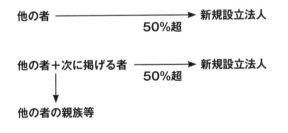

図17）特定新規設立法人②

注1：特定要件

他の者により新規設立法人の発行済株式（自己株式を除く）の総数の50%を超える数の株式が直接又は間接に保有される場合その他の他の者により新規設立法人が支配される場合（※）として一定の場合であること

※新規設立法人が支配される場合

次の図17ですね。特定要件です。他の者により新規設立法人の発行済株式の総数の50%を超える数の株式が直接または間接に保有される場合、その他の他の者により新規設立法人が支配される場合と書いてあります。

要するに、他の者によって、直接、間接含めて50%超の支配関係がある状態ということになります。

具体的には、図を見てください。上のケースは他の者が単独で新規設立法人の株式を50%超保有してるケースです。あるいは、法人の場合ですと1社が単独で新規設立法人の株式を50%超保有しているケースとなります。

それから、その下のケースは、他の者＋αで新規設立法人の株式を50%超保有し

ているケースになります。+αの部分は、一番下に書いてあるとおり、他の者の親族等ということで、具体的には図18を見てください。

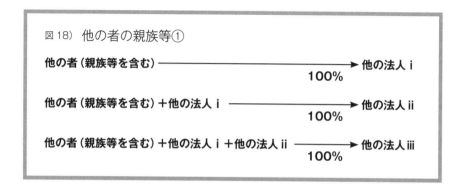

　他の者が個人の場合ですと、その親族を含みます。また、他の法人を100%、要するに完全支配してるケースが他の法人 i ですね。他の法人 i と書いてありますが、これが+αの部分になります。他の者に他の法人 i を含めて、新規設立法人の株式を50%超保有しているか判定します。

　注意するのは、この他の者と他の法人との間ですね。これは50%超ではなく100%、いわゆる完全支配をしているという状態が前提です。それから、他の者が親族を含めて完全支配してる他の法人 i、それを含めたところで、さらに完全支配してる他の法人 ii があれば、それも+αに含み、さらに他の法人 ii を含めたところで完全支配している他の法人 iii というのがあれば、そこまでが、いわゆる+αの部分に該当します。

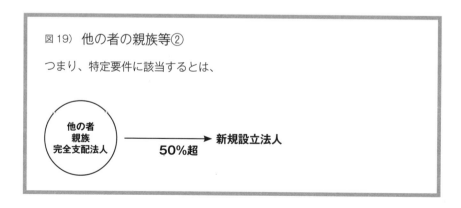

まとめて書くと、図19に書いてあるとおり、他の者で個人の場合には親族を含みます。さらに、この他の者や親族によって100％支配されてる法人、いわゆる完全支配法人も含めて、新規設立法人の株式を50％超保有してる場合ですね。これが、特定要件に該当するケースになります。

　それから、次に先ほどの図16の③ですね。特定要件に該当する旨の判定の基礎となった他の者及び、他の者と特殊な関係にある法人、いわゆる特殊関係法人ですね。これがどんな法人かというのが、図20の注2に書いてあります。

図20）特定新規設立法人③

注2：他の者と特殊な関係にある法人（特殊関係法人）

特殊関係法人＝次に掲げる法人（①）－非支配特殊関係法人（②）

①次に掲げる法人

ア 他の者（親族等含む） ─────────100%──────→ **他の法人ⅰ**

イ 他の者（親族等含む）＋他の法人ⅰ ─────100%────→ **他の法人ⅱ**

ウ 他の者（親族等含む）＋他の法人ⅰ＋他の法人ⅱ ──100%─→ **他の法人ⅲ**

※他の者は、新規設立法人の株式を有する者に限られる

　具体的には、図20を見てください。

　①に掲げる法人から非支配特殊関係法人を除いたものが特殊関係法人になります。①に書いてある次に掲げる法人、これは、図18の特定要件の図と同じです。

　ただ、1点だけ違いがあります。それは何かというと一番下に書いてある部分ですね。この特殊関係法人を判定するときに、他の者と新規設立法人の関係に注意をしてください。他の者は新規設立法人の株式を直接保有する者に限られます。つまり、他の者が新規設立法人の株式を1株も持っていない場合には、他の者の特殊関係法人は出てきません。これが、特定要件と大きく違う点です。特定要件は、図17に記載のとおり、直接保有だけでなく間接保有も認められるため、特定要件の判定の際には、他の者が新規設立法人の株式を直接保有してなくても、他の者の＋αの部分が直接保

有しているような格好で、それを含めて50％超の株式を保有してれば特定要件に該当しました。

つまり、特定要件の場合には、他の者が新規設立法人の株式を直接保有していなくても特定要件に該当してきましたが、特殊関係法人の判定の際には、他の者が新規設立法人の株式を直接保有しているのが大前提です。直接保有していなければ、他の者にとっての特殊関係法人は出てきません。ここは注意が必要となります。

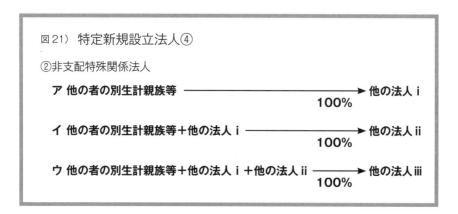

それから、①に掲げる法人から除かれる非支配特殊関係法人ですね。こちらは図21に書いてあります。これも図としては、前述図18の特定要件の図と同じです。

特定要件と異なるのは、他の者ではなく、他の者の別生計親族が完全支配してる法人ですね。これが非支配特殊関係法人になります。親族とはいえども生計が違うとわからないため、そこは外して考えるということです。これは、あくまでも別生計親族が100％保有する他の法人等があれば除くということですが、例えば同一生計親族、あるいは他の者の同一生計親族と別生計親族が合計で合わせて100％支配しているようなケースであれば、それは除かれません。

あくまでも、別生計親族だけで完全支配してる法人があれば、それは除くということになります。

図22) 特定新規設立法人⑤

注3： 新設開始日の属する事業年度の基準期間に相当する期間における課税
　　　売上高（判定対象者の基準期間相当期間における課税売上高）
　　　ア　判定対象者＝他の者・他の者の特殊関係法人のうちいずれかの者
　　　　※他の者は、新規設立法人の株式を有する者に限られる
　　　イ　基準期間相当期間（判定対象者＝法人の場合）
　　　　　①新規設立法人の新設開始日の2年前の日の前日から同日以後1年
　　　　　　を経過する日までの間に終了した判定対象者の各事業年度がある
　　　　　　場合
　　　　　　→当該各事業年度を合わせた期間
　　　例：判定対象者P社（12月決算）$\xrightarrow{100\%}$ 新規設立法人Q社（3月決算）
　　　Q社：H30.4.1設立→基準期間相当期間（H28.4.1からH29.3.31までの
　　　　　　間に終了した判定対象者の事業年度）H28.1.1.〜H28.12.31

　それから、図22の基準期間相当期間における課税売上高ですね。その判定ということで、一番上のところです。括弧書きで、判定対象者の基準期間相当期間における課税売上高と書いてあります。この判定対象者というのは、その下に書いてあるとおり他の者、それから他の者の特殊関係法人、このいずれかになります。いずれかの者ということですが、ここでの他の者というのも、前述の特殊関係法人のときと同様に、新規設立法人の株式を少なくとも1株以上は持ってる、つまり直接保有してるのが大前提になります。

　では、その基準期間相当期間はどこかというのが、真ん中のイ①です。新規設立法人の新設開始日の2年前の日の前日から、同日以後1年を経過する日までの間に終了した判定対象者の各事業年度がある場合には、その各事業年度を合わせた期間となります。例えば、判定対象者、要するに12月決算の親会社P社が新しくQ社という3月決算の100％子会社を平成30年4月1日に設立しました。その場合の基準期間相当期間は、平成30年4月1日の2年前の日の前日から1年を経過する日までの間に終了したということで、平成28年4月1日から平成29年3月末までの間に終了した親会社で

あるP社の事業年度ということになります。この場合、親会社は12月決算なので、平成28年1月1日から平成28年12月31日がこの基準期間相当期間になります。この期間で親会社の課税売上高が5億円を超えているか判定をすることになります。この判定で5億円を超えている場合には、この時点で判定が終わりますが、仮に5億円を超えていない場合には次の判定に移ります。

図23) 特定新規設立法人⑥

②新規設立法人の新設開始日の1年前の日の前日から新設開始日の前日までの間に終了した判定対象者の各事業年度（注1）がある場合（注2）

　→当該各事業年度を合わせた期間

注1： その終了する日の翌日から新設開始日の前日までの期間が2カ月未満であるものを除く

注2： ①に掲げる場合に該当し、かつ、①に定める期間に係る基準期間相当期間における課税売上高が5億円を超える場合を除く

　それが図23の②です。要は①は2期前の課税売上高で判定を行いましたが、そこで判定が5億円を超えないということであれば、次は、1期前の課税売上高で判定を行うということですね。

　図23の②を見ていただきますと、新設開始日の1年前の日の前日から新設開始日の前日までの間に終了した判定対象者の各事業年度がある場合には、各事業年度を合わせた期間ということになります。わかりやすく述べると、前々期で5億円を超えていなければ、次に前期で判定を行うということです。

[160]

図24) 特定新規設立法人⑦

　③新規設立法人の新設開始日の１年前の日の前日から新設開始日の前日まで
　　での間に判定対象者の事業年度（注１）開始の日以後６カ月の期間（注
　　２）の末日が到来する場合（注３）

　　→当該6カ月の期間

注１：判定対象者が①又は②に掲げる場合に該当するときは、①又は②に定
　　　める期間に含まれる各事業年度を除く

注２：6カ月の期間の末日の翌日から新設開始日の前日までの期間が2カ月
　　　未満であるものを除く

注３：①又は②に掲げる場合に該当し、かつ、①又は②に定める期間に係る
　　　基準期間相当期間における課税売上高が5億円を超える場合を除く

注４：6カ月の期間の末日がその月の末日でない場合又は当該期間の末日が
　　　その日の属する月の事業年度の終了応答日（当該事業年度終了の日に
　　　応答する当該事業年度に属する各月の日をいう）でない場合には、令
　　　20の6①を準用

2. 解散法人のみなし規定

(1) 新規設立法人がその新設開始日において特定要件に該当すること

(2) 他の者と特殊な関係にある法人であったもので、新規設立法人の設立の
　　日前１年以内又は新設開始日前１年以内に解散したもののうち、その解
　　散した日において特殊な関係にある法人に該当していたもの（注、解散
　　法人）があること

　　→解散法人を特殊な関係にある法人とみなして、新規設立法人につき、
　　　第１項の規定を適用する。

注：新設開始日においてなお特殊な関係にある法人であるものを除く

　②で判定を行い、5億円を超えていなければ、次の判定に移ります。それが図24の
③ですね。

第3章　消費税納税義務の特例　　　　　[161]

要は特定期間、直前の半年間で見るということです。新規設立法人の新設開始日の1年前の日の前日から、新設開始日の前日までの間に、判定対象者の事業年度開始の日以後6カ月の期間の末日が到来する場合には、その6カ月の期間が5億円超えるかどうかで判定することになります。

　ポイントは①の段階で5億円を超えれば、そこで判定は終了することになりますが、5億円を超えない場合には、さらに判定が②、③に進んでいくというところですね。したがって、判定には3段階あることに注意してください。

　また、図2以降で特定期間を説明しました。特定期間の場合には、基本的に対象期間の半年間に加え、集計期間で2カ月を確保する必要がありました。この特定期間と同様に、特定新規設立法人の基準期間相当期間に関しても、集計期間2カ月間を確保する必要があるため、特定期間と同じ考え方であると理解してください。

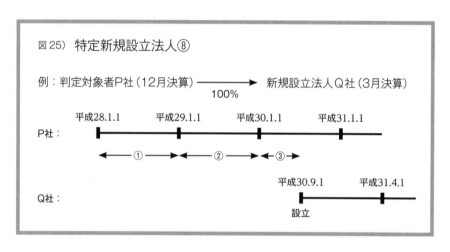

　まとめたものが図25になります。図25は、P社がQ社を100％子会社というかたちで設立したケースです。P社は12月決算、Q社は3月決算で、例えば平成30年の9月1日に設立したケースです。

　いわゆる基準期間相当期間はどこになるのか、まず第1段階で見るのはP社の①の期間ですね。この場合、平成30年9月1日から2年遡ったところから1年以内に終了する親会社の事業年度であるため、①の平成28年12月末で終了する事業年度で課税売上高が5億円を超えるか判定します。

　①で5億円を超えない場合、第2段階で見るのはP社の②の期間です。平成30年9

月1日から1年遡ったところから1年以内に終了する事業年度であるため、②の平成29年12月末で終了する事業年度で課税売上高が5億円を超えるか判定します。

②でも5億円を超えない場合、第3段階で見るのはP社の③の期間です。この場合、平成30年1月1日からスタートして6カ月間が確保されてます。これに加えて、集計期間の2カ月も確保されています。したがって、平成30年1月1日から平成30年6月末、この半年間で5億円を超えるか判定します。

このように、①でまず判定して、①が不可なら②、さらに②が不可なら③という流れで判定することになります。

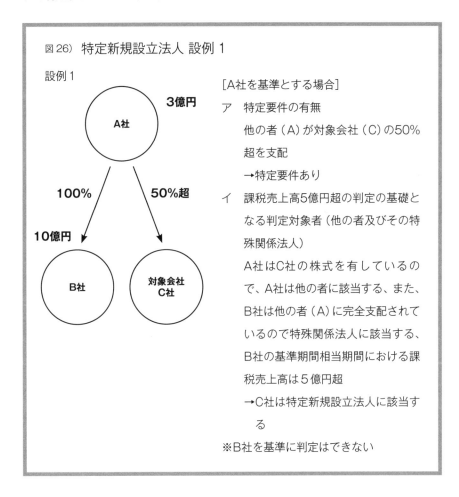

最後に、簡単な設例を見ていきます。

図26の設例1を見てください。左の図は資本関係であり、A社が親会社、B社がA社の100%子会社であり、納税義務の判定対象会社はC社ですね。A社とC社の関係は、A社がC社の50%を超える株式を保有しているという前提です。

まず、A社を基準に特定要件の有無を考えた場合、A社はC社の株式を50%以上保有しているため、特定要件ありということになります。

次に、課税売上高が5億円超の判定の基礎となる判定対象者です。まずA社が他の者になるかについて、A社がC社の株式を1株でも直接保有しているかを確認します。この場合、A社は50%超の株式を直接保有しているため、A社は他の者になります。A社が他の者になるのであれば、次にA社にとっての特殊関係法人はA社が完全支配しているB社が該当することになります。

したがって、A社かB社のいずれかが、基準期間相当期間に関する課税売上高が5億円を超えていればC社で納税義務が免除されないことになります。設例1は、A社の課税売上高は3億円ですが、B社の課税売上高は10億円となります。したがって、C社は特定新規設立法人に該当することになります。なお、B社はC社の株式を直接保有していないため、B社を基準に判定はできないことになります。

[164]

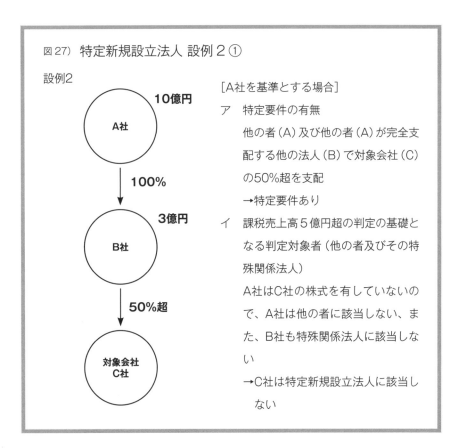

次に、図27の設例2を見てください。

親会社、子会社、孫会社が縦に並んでるケースですね。A社が一番上にあり、その100％子会社がB社、さらにB社が50％超の株式を保有しているC社。この孫会社C社が納税義務の判定対象会社となります。

まず、特定要件の有無を考えます。親会社のA社を基準とする場合、A社が完全支配するB社が対象会社であるC社の株を50％超保有しており、A社が対象会社C社を間接的に支配しているため、特定要件ありということになります。

次に他の者、課税売上高5億円超の判定ですが、A社を基準した場合、A社はC社の株式を一株も保有しておりません。したがって、A社は他の者にはならず、A社の100％子会社であるB社もA社の特殊関係法人にはならないことになります。

したがって、A社を基準として判定する場合、孫会社のC社は特定新規設立法人に

は該当しないことになります。ただし、判定はそこで終わりにはならず、A社を基準として特定新規設立法人には該当しない場合、次にB社を基準にして判定をすることになります。

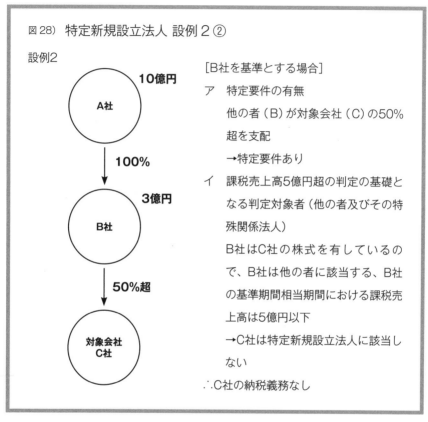

それが、次の図28になります。

今度はB社を基準とした場合、B社はC社の株式を直接50％超保有しているため、特定要件ありになります。次に、課税売上高5億円超の判定ですが、B社はC社の株式を直接保有しているため他の者になります。ただし、B社にとっての特殊関係法人はありません。

したがって、B社単独で、基準期間相当期間の課税売上高が5億円を超えるか判定していきます。この場合、B社の課税売上高は3億円であるため、B社を基準に考えても、C社は特定新規設立法人に該当しないことになります。

つまり、この設例2に関しては、A社を基準に判定した場合、B社を基準に判定した場合ともに、孫会社C社は特定新規設立法人に該当しないことになります。したがって、C社の納税義務はなしということになります。

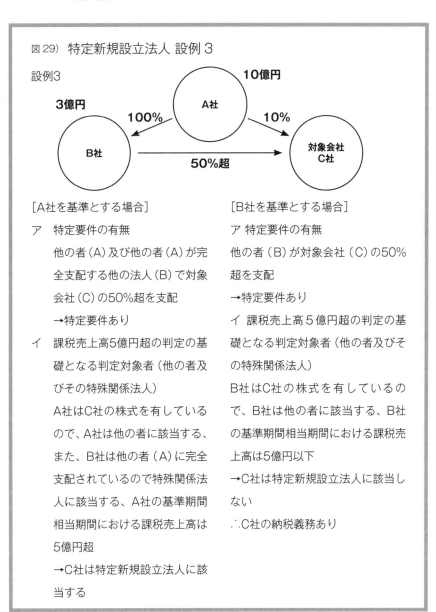

図29) 特定新規設立法人 設例3

[A社を基準とする場合]
ア 特定要件の有無
　他の者（A）及び他の者（A）が完全支配する他の法人（B）で対象会社（C）の50%超を支配
　→特定要件あり
イ 課税売上高5億円超の判定の基礎となる判定対象者（他の者及びその特殊関係法人）
　A社はC社の株式を有しているので、A社は他の者に該当する、また、B社は他の者（A）に完全支配されているので特殊関係法人に該当する、A社の基準期間相当期間における課税売上高は5億円超
　→C社は特定新規設立法人に該当する

[B社を基準とする場合]
ア 特定要件の有無
　他の者（B）が対象会社（C）の50%超を支配
　→特定要件あり
イ 課税売上高5億円超の判定の基礎となる判定対象者（他の者及びその特殊関係法人）
　B社はC社の株式を有しているので、B社は他の者に該当する、B社の基準期間相当期間における課税売上高は5億円以下
　→C社は特定新規設立法人に該当しない
　∴C社の納税義務あり

次に図29、設例3です。

　ポイントは、A社が判定対象会社C社の株式を10％直接保有しているため、A社は他の者になります。A社が他の者となるということは、A社が100％支配してるB社も特殊関係法人になります。

　一方、B社を基準に考えた場合、B社は判定対象会社C社の株式を50％以上保有しております。ただし、B社を基準にして考えた場合、B社の課税売上高は3億円しかありませんので、C社は特定新規設立法人に該当しません。

　ただし、A社を基準にして考えた場合、A社の課税売上高は10億円であり5億円を超えるため、C社は特定新規設立法人に該当します。

　したがって、この設例3に関しては、C社は特定新規設立法人に該当するというのが結論になります。

　最後に、今回は調整対象固定資産について取り上げていませんが、実務上注意が必要なものとして、いわゆるリース取引が該当します。具体的には、所有権移転外ファイナンス・リースが調整対象固定資産になるケースがあります。特に中小企業の場合、リース取引について、あえて資産計上しないケースが多いです。しかし、リース取引であっても、調整対象固定資産になる可能性があり、特に資産計上をしていない場合、調整対象固定資産があることを忘れてしまう恐れがあるため注意をしていただきたいと思います。

[168]

まずは原則的なお話からはじめたいと思います。

日本は法治国家です。法治国家というのは特定の王様が支配する国ではなく、法律が支配する国とでもいいましょうか、王様が自分の感覚で物事を決めるのではなく、法律を制定して、法律で決めたことに基づき、物事を決める、国を運営していくということです。

それではその法治国家の中での税務調査をどのように考えればよいでしょうか。

法律が支配しない国の税務調査を考えて見ましょう。

調査官が会社に来て、会社内を色々見回して「社長、いくら払える？」、あるいはお店に来て間口や奥行きを見て、肉や魚の商品の量を見て、「旦那、今年は○○円払ってよ」

こんなやり取りが想定されます。法律のほの字も見えません。

一方、法律が支配する国では、そもそも国家が国民から税金を徴収できる、国民は納税が義務であるという根本的な原則を法律で決めています。

その上で、税務調査を実施する手続きを法律が定め、申告の内容が税法に適合しているかどうかを調査していきます。

その申告内容に税法に従っていないところがあれば、当初の申告を修正して追加で納税をすることとなるのです。申告書の内容が税法にかなっていれば何も問題はありません。

つまり、この税務調査というのは税法を介した「調べる」と「調べられる」という一定の関係性ということができます。課税当局と納税者との間の法律関係であるということです。

第4章

相続税の
税務調査

第1節　相続税の実地調査

第2節　調査で指摘されやすい事項

第3節　税務調査の終了手続き

第4節　「質問応答記録書」について

第5節　調査報告書について

辻・本郷 税理士法人　ダイレクトアシスト・税理士　　八重樫 巧

[第1節] 相続税の実地調査

図1) 税務調査とは①

「調査」とは、法律の規定に基づき**適正な課税をするために**、税務職員が行う**証拠資料の収集、要件事実の認定、法令の解釈適用**などの一連の行為をいう。

税務職員は、相続税の調査について必要があると判断したときは、相続人などに質問し、又は被相続人の財産もしくはその財産に関する帳簿その他の物件を検査し、又はこれらの物件の提示や提出を求めることができる。

質問検査権　**（国税通則法第74条の3）**
※相続の場合

（参考）
相続税の税務調査は、通常、申告書を提出した日の翌年8月から12月ころまでに行われる。

　法人税法、所得税法など各税法は正に文字どおり法律です。
　税務調査は、各税法の定めるところに従って、法に定める質問検査の権限を持つ当局の当該職員が、法に定める受忍義務を負う納税者に対して、質問検査し、取引の事実関係を分析し、その分析結果が税法、通達の定めるところに適合しているかどうかの検討をします。検討の結果、法に従っていないと認められる事柄について修正申告するよう求める手続きです。
　したがって、税務調査は正に法律関係であるということで頭の整理ができると思います。
　「税務調査」の具体的な内容として、「証拠資料の収集」、「課税要件事実の認定」、「法令の解釈適用」などがあげられます。
　「証拠資料の収集」とは、調査対象法人が作成する請求書や領収書の控、取引先か

ら受け取った請求書、領収書、銀行通帳、人件費に関する帳簿その他会社業務に付随して発生する帳簿書類のうち、申告金額に間違いがあると調査官が判断する材料となる資料を収集することです。

「課税要件事実の認定」

　課税要件とは、納税義務者が誰か、何に対して課税されるのか、課税標準は何か、などをいい、これらの要件を具体的に示すものが課税要件事実です。所得を発生させることとなる様々な事実のことを課税要件事実といいます。

「法令の解釈適用」

　次にそれらの課税要件事実を税法に当てはめて、解釈し、適用して税法上の判断を

図2）　税務調査とは②

1　任意調査

　イ　申告内容の確認のための調査で、いわゆる**税務調査のほとんどは任意調査**

　ロ　納税者は、質問検査に対して受忍すべき義務を負う

　ハ　検査の拒否・妨害もしくは忌避した場合には、懲役又は罰則に処される。

2　強制調査

　イ　国税局査察部の**査察官**（マルサ）が、脱税の疑われる納税者に対して、裁判所の令状に基づいて**強制的に行う調査**

　ロ　脱税行為が特定されれば検察庁に告発され、刑事事件として処理される。

（参考）　平成27年度の査察事案の告発件数（平成28年6月　国税庁発表）

　　　　全体　115件　（うち、相続税事案　5件（4%））

　税務調査には2つの種類があります。

　「任意調査」と「査察調査」です。

　「任意調査」とは、通常一般的に行われている税務調査のことで、納税者に、納税者が提出した申告書の税額が正しいかどうかを確認するために質問したり、その方の

事業に関する帳簿書類その他の物件を検査し、又はそれらの物件の提示や提出を求める、という方法で行われる調査のことをいいます。

「査察調査」とは、国税庁等の当該職員は、国税に関する犯則事件を調査するため必要があるときは、犯則嫌疑者若しくは参考人に対して出頭を求め、犯則嫌疑者等に対して質問し、犯則嫌疑者等が所持し、若しくは置き去つた物件を検査し、又は犯則嫌疑者等が任意に提出し、若しくは置き去つた物件を領置することができるという、いわゆる、査察官が行う犯則調査のことで、最終的に脱税の刑事責任を問うために検察庁に告発することを目的とした調査です。

法人税法には、第百五十九条に、「偽りその他不正の行為により、第七十四条第一項第二号（確定申告）に規定する法人税の額につき法人税を免れ」たときに「法人の代表者、代理人、使用人その他の従業者でその違反行為をした者は、十年以下の懲役若しくは千万円以下の罰金に処し、又はこれを併科する」という規定が置かれております。

その他の税法においても同様の規定が置かれています。

1　事前通知

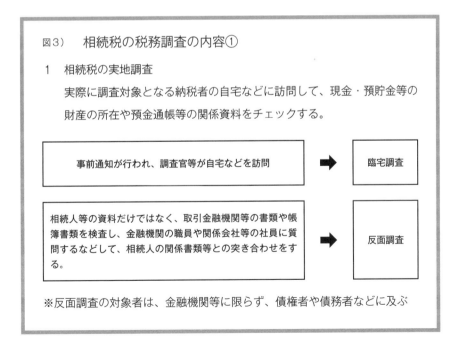

それでは実際の税務調査はどのように行われるのでしょうか。

税務調査が行われるときは、所轄の税務署から納税者又は関与税理士に対して税務調査を行う旨の連絡、調査の事前通知があります。事前通知の内容は下記のとおりです。

① 質問検査等を行う実地の調査を開始する日時

② 調査を行う場所

③ 調査の目的

④ 調査の対象となる税目

⑤ 調査の対象となる期間

⑥ 調査の対象となる帳簿書類その他の物件

⑦ その他調査の適正かつ円滑な実施に必要なものとして政令で定める事項

2 臨宅調査

図4) 相続税の税務調査の内容②

2 臨宅調査

　被相続人（亡くなられた方）や相続人に関する質問、遺産分割や相続税の納税に関する質問、相続人の財産に関する質問等が行われ、重要書類が保管されている金庫、タンス、押し入れ等の調査が行われる。

（主な質問内容）

イ 被相続人の出身地、学歴、職歴及び財産の蓄積状況や管理状況

ロ 相続人及びその家族（配偶者、子供）の職業や財産の保有状況

ハ 被相続人の病歴や死亡直前の財産管理は誰が行っていたのか

ニ 被相続人の生前における相続人との関係

ホ 被相続人から相続人に対する生前贈与の有無

ヘ 遺産分割の状況（遺産分割が整わない場合は、その理由や争点など）

---

[174]

事前通知に基づいて、予約された日に調査官が納税者の居宅に来て調査を実施します。

これを臨宅調査といいます。

（1）午前中の調査の様子

午前中は相続人の方に対して、被相続人の生前の生活ぶりを中心に、相続関係図を見ながら、被相続人が生まれてから亡くなるまでの様子、人生、プライバシーを時間の経過を追いながら聞き取りをします。

特に亡くなる直前の1カ月間の様子、入院していたのか、在宅で寝たきりだったか、あるいは外出できる程度の病状だったかなどを念入りに聞き取りします。

これは午後から行われる銀行預金通帳の調査のときに、亡くなる直前に通帳からの出金がある場合に、相続人が出金したのか、被相続人が出金したのかを判別するためです。入院していたり、寝たきりの状態であれば銀行に行って預金を引きだせるはずがなく、相続人が引きだしたことになるからです。

（2）午後からの調査の様子

午前中で生前の様子の聞き取りを完了した調査官は、午後からは申告書や預金通帳などの書類関係の調査に移行します。

申告書に記載された相続財産の一覧表をもとに、財産の現物を確認し、金額の照合をしていきます。

このとき調査官は、財産の現物の調査を実施しながら、被相続人が生前使用していた部屋のタンスや押し入れ、金庫の中などの中身を確認する作業を行います。

こうしていわゆる捜索をしながら、隠匿されている財産の発見に努めることが目的です。

（3）具体的な調査項目

（主な質問内容）

イ　被相続人の出身地、学歴、職歴及び財産の蓄積状況や管理状況

被相続人の人となりや、どのような仕事に従事してきたか、どのようにして今の財産を築くことができたかをヒアリングします。

ロ　相続人及びその家族（配偶者、子供）の職業や財産の保有状況

相続人とその家族の職業や財産の金額を聞くことによって、相続人固有の財産がどのように形成されてきたか、相続した財産と固有の財産とが混入しないよう、

区別しなければなりません。

ハ　被相続人の病歴や死亡直前の財産管理は誰が行っていたのか

病気によっては、多額の医療費がかかることもあり、財産の減少をきたす、また亡くなる直前の状況をヒアリングすることにより、銀行預金を引き出すことができたかどうか、入院中であれば誰が引き出し、何のために使い、残額をどこに保管しているか、相続財産から現金が漏れていないかなどを調査するためにヒアリングします。

ニ　被相続人の生前における相続人との関係

相続人の中には、被相続人の特殊関係人との間に生まれた子などもいる場合があり、すべての財産が相続されているとは限らないため、特殊関係人宅にも臨託する場合があります。

ホ　被相続人から相続人に対する生前贈与の有無

生前に贈与し、相続時精算課税を選択しているケースで贈与から年数が経過していると、選択したことを忘れている場合があります。

ヘ　遺産分割の状況（遺産分割が整わない場合は、その理由や争点など）

遺産分割が争いなく相続人間で納得のうえ、分割されているかどうかを確認します。

図5） 相続税の税務調査の内容③

> 税務署が行う一般的な相続税の臨宅調査は、税務署の調査官2名が、午前10時ころに被相続人の自宅や会社等を訪問して行われる。
> 2名で訪問するのは、相続税調査が、その性格上、際めてプライベートな部分（個人的な人間関係や親族など）にまで及ぶことがあるためである。

無用なトラブルを回避するため

2　金融機関調査

　　金融機関の調査は、事前の文書照会や直接出向いて預金残高や預金の入出金の記録、入金伝票・出金伝票等を確認する。

　　貸金庫を利用している場合は、開閉記録を確認する。（被相続人名義だけではなく、相続人や同居していた家族名義のものも確認）

　一般的な税務調査の場合、税務署から調査官が2名で調査に訪れます。

　2名で来るのは、質問の内容が相続税という税金の性格上、被相続人のプライベートな部分に相当踏み込まざるを得ないからです。

　相続人固有の財産についてもその財産形成過程をヒアリングする中で、プライベートな部分に踏み込みますので、相続人が気分を害することもあり、無用のトラブルに発展することを防ぐため、2名で臨宅するのです。

　質問がプライベートな部分にまで及びますが、調査官は個人的な興味で質問しているのではなく、仕事として質問していますので、それに応じて、回答する相続人側も感情を込めることなく、淡々と回答することが求められます。

　質問されてわからない場合は「わかりません」と回答すればよく、回答しなければならないというような強迫観念にかられ、焦ったり、あやふやな回答をすることは厳に慎むことです。

3　主宰会社への反面調査

調査は被相続人の居宅へ臨宅して行う調査ばかりではなく、被相続人が法人の代表者や代表者に準ずるような役員の場合には、その主宰する法人においても調査が行われます。調査は、その法人の総勘定元帳記載の各勘定科目のうち、代表者に関する損益や貸借に係る勘定科目の内容を証憑等によって確認しながら行われます。例えば代表者に対する報酬の支払い額や個人的な費用を負担していないか、また代表者からの借入金や預かり金などの有無について調査を行います。さらにその後は、過去の株主名簿を時系列的に閲覧することにより株式の異動状況の調査をします。株式の異動が認められた場合、その異動が売買によるものか贈与によるものか確認し、売買による異動の場合は譲渡所得税の申告があるか、贈与によるものである場合には贈与税の申告があるかどうかを確認します。

株主名簿の内容を確認する目的は、名簿に記載された株主の所有する株式が、単なる名義で、実際の真の所有者は被相続人ではないかということを判断するためです。

いわゆる名義株の問題でこれについては後述します。

4　金融機関調査

相続税の税務調査において最も問題になる財産は、いうまでもなく金融資産です。

したがって、調査官は金融機関の調査に重点をおいて税務調査を実施します。

提出された相続税の申告書から取引している金融機関を把握し、調査着手前に金融機関に申告された預金以外の他の預金の有無を文書照会するなどして、事前の調査を行うことさえあります。

通常は臨宅調査後、申告されている被相続人名義の預金通帳や申告されていない他の家族名義の預金通帳の現物の確認をし、その預金通帳の金融機関に赴き、調査を実施します。

具体的には、それぞれの預金通帳の調査日現在の残高確認、入金や出金の記録、資金の移動がある場合は振込先や入金元などの金融機関の把握などを行います。

また、貸金庫に重要な財産が隠匿されている可能性がありますので、貸金庫も必ず開けて内容物の確認をします。同時に開閉記録も検査して、いつ誰が何をしに来たかも相続人から聞き取ります。

［第2節］　**調査で指摘されやすい事項**

1　譲渡代金の使途

図6)　調査で指摘されやすい事項①

1　譲渡代金の使途

　　被相続人が生前に高額な資産を譲渡した場合は、その譲渡代金がどの
ような資産等に変わっている（化体している）のかが問題となる。

（譲渡代金の化体の例）

　イ　定期預金、国債や株式などの金融資産

　ロ　不動産の購入、自宅の新築やリフォーム

　ハ　借入金の返済や保証債務の返済

　ニ　子供や孫などの親族への贈与

　ホ　主宰法人や親族などへの貸付金

　ヘ　現金化しての相続税の課税逃れ（現金の疎開）

　ト　貸金庫での現金保管　　など

　被相続人の生前の事業活動の内容や人となり、財産形成の過程をヒアリングしなが
ら調査する一方、高額資産の譲渡の有無の検討も行います。

　例えば投資用の不動産を売却した、有価証券を売却したなどの情報を把握した場合、
その譲渡代金がそのまま預金として保有されているのか、それとも他の資産に代わっ
ているのか（これを化体といいます）、どのような資産になっているのかも重要な確
認ポイントとなります。

　譲渡代金の化体の例として、いくつかを掲げておきました。

第4章　相続税の税務調査　　[179]

2　相続開始前に引き出した預貯金の使途

図7)　調査で指摘されやすい事項②

2　相続開始前に引き出した預貯金の使途

　　被相続人の相続開始前（相続開始日から5年位前までの期間）に多額な現金出金がある場合、それが申告に反映されているかが問題となる。

　　特に、**相続開始日直前の現金出金については、調査官が納得するまで調査される**。相続人によっては、万が一のときに容易に引き出せなくなると心配して、高額な現金を出金している場合がある。

3　名義預金

　　「名義預金」とは、名義は妻や子供などであるが、資金源泉や管理・運用はすべて被相続人が行っているなど、**実質的な所有者が被相続人である預金**のことで、それらは、単に名義を借りているだけのものとして、相続財産となる。収入のない相続人名義の預貯金について調査官から指摘されて、「これは贈与を受けた資金で預金したものです。贈与税の申告をしていなかっただけで、これは自分のものです」で済む問題ではない。

　銀行や郵便局の預貯金通帳の調査において、調査官が特に着目するのは、相続開始直前の出金です。出金すれば当然のことですが手許現金が増加します。その増加した現金資産の使途が問題となるのです。出金された現金が相続財産の中の現金として計上されていれば問題ありません。

　計上されていなくて、なおかつその使途が明確でない場合は現金財産の隠匿による計上漏れと指摘される可能性が高いと思われます。

　特に被相続人が寝たきりや入院中で動けない場合は相続人のうちの誰かが出金したことは間違いのないところなので、特にその傾向が強くなります。

　したがって、引き出した現金の金額とその使途については領収書を必ず保管しておき、明確に説明することができるようにしておいてください。

3 名義預金

被相続人が生前、子供や孫の名義で預金通帳を作って入金し、そのお金をその子供や孫に贈与する場合があります。このような預金が税務調査の上で問題になります。

いわゆる名義預金といわれる預金です。

預金の名義は子供や孫、配偶者であっても、資金の源泉が被相続人で、実質的な管理も被相続人が行っている場合は、その名義人の財産ではなく、被相続人に帰属する相続財産であるとの認定を受けてしまいます。

「この預金は自分が小さいときに祖父からもらったもので、贈与税の申告をしていなかっただけで、自分の預金です」と主張してもなかなか通るものではありません。

調査官の指摘

これらの預金は通帳の名義は奥さまですが、実質的にはご主人のものと思われます。

名義預金として相続税の課税対象になります。

妻の反論

主人から毎月渡された生活費をやり繰りし、残ったお金を預金していたもので、主人は残ったお金はお前の好きにしていいといっていました。

調査官は次のような判断基準に従ってその預金が誰のものかを判断します。

　1　その預金の中のお金は誰が出したものか

　2　その預金通帳を管理していたのは誰で、お金の運用をしていたのは誰か

　3　その預金から発生する利息を誰が受け取っていたか

また裁判所の裁判例によると、裁判官は

　1　妻名義の預金の原資は亡き夫が出したものである。

　2　妻名義の預金について贈与契約書の作成や贈与税申告をしていない。

　3　財産帰属の判定において管理運用者が誰かは重要な要素ではあるが夫婦間では妻が夫の財産を管理することは不自然ではないから、これをことさら重視することはできない。

　4　妻が妻名義預金を解約して他の用途に使用するなどとしたという事情はないから、利息等の収益を妻が取得していたとしても、妻名義預金についてはな

お、亡き夫に帰属する財産であると認めるのが相当である、と判示しています。

以上のことから見えてくる考え方は、もともとのお金を誰が出したか、もらったものだという主張を裏付ける贈与契約書や贈与申告があったかどうかということのようです。

4　名義株

図8)　調査で指摘されやすい事項③

「名義株」とは、**株主名簿に記載している株主と真の株主が一致しない株式**をいう。

　例えば、株主名簿には、家族や従業員の名義で記載されているが、これらの株式の実質的な所有者（株式取得代金の負担、その株式の管理・運用、議決権行使、配当金などを享受している者）は、被相続人であるといったケースをいう。

　「名義株」が発生する要因として、

イ　会社設立時、旧商法上の発起人7名の条件を満たすため、発起人から名義だけを借りて会社　を設立したが、その後、株主名簿の記載を変更していない。

ロ　家族等に贈与する際に、贈与手続きや意思確認なしに、安易に株主名簿だけを書き換えている。　などがある。

　なお、「名義株」は、非上場の同族株式だけでなく、上場株式もあるので注意が必要である。

　株式は株主名簿に記載されている株主が真正の所有者であると一般には解されています。

　しかしながら、株主名簿に所有者と記載されている株主が実際にはその株式を所有していなくて、他の人がその株式を所有しているというケースがあります。

つまり、株主名簿に記載されている株主と真にその株式を所有している株主が一致していないということです。

　このような株式を名義株といいます。

　旧商法下では、会社を設立するためには設立時に発起人として７人の株主が必要でしたので、会社を設立しようとする者は株式払込資金を自分が拠出したうえで、配偶者や子供、親せきや知り合いなどの名前を借りて名義だけの株主としていました。

　その後、真正の株主の名義に書換えをせずに年数が経過すると、その方たちの株式がいわゆる名義株となってしまいます。

　また、設立した会社が大きくなり、社業が発展すると代表者は事業の承継のことを考えるようになり、子や孫に自分が所有する株式を贈与することがあります。

　経営者である親が高校生の息子に数百株の株式を贈与します。

　さらにその後も贈与を重ねると息子は結構な数量の株式を保有する株主となり、長ずるに及んで親の会社に入社し、やがて役員となりました。

　税務調査ではこの名義株が問題になります。

　まずは、経営者である親に相続が発生すると、申告の段階において、①この息子が持つ株式を名義株として相続財産に計上するか、あるいは②名義株主ではなく真正株主であるとして、その持ち株を相続財産から除外するかどうかが、問題となります。

　顧客納税者は当然②の方、相続財産ではなく息子が所有している株式として考え、相続財産として申告することはありません。

　税務署の調査官はどのように考えるでしょうか。

　調査官は、息子の株式を名義株ではないかと考えます。

　名義株ではないかという想定に基づいて、質問をしてくるのです。

　基本的な考え方は名義預金の帰属の判断と同様のものと考えられます。

　株式を取得するときの資金を誰が出したか、過去に贈与を受けたものであるという主張をするときはその時の贈与契約書があるかどうか、また贈与税の申告をしているかどうかです。

　これによってその名義株の帰属を判断することになります。

5 特例の適用誤りなどの基礎的な誤り

図9） 調査で指摘されやすい事項④

5 特例の適用誤りなどの基礎的な誤り

　　相続税の申告の際は、**民法の解釈や相続税の特例**（小規模宅地等の課税価格の計算の特例、非上場株式等についての相続税の納税猶予の特例など）の適用要件のチェックなど、気を付けなければならない基礎的な事項が多くある。

　　特に養子がいる場合、法定相続人の数は、民法と相続税法に規定が異なっているなど注意が必要である。

6 財産の評価誤り

　　「財産」とは、金銭に見積もることができる経済価値のあるすべてのものであることから、現金以外の財産は、**相続税法の規定する法定評価、財産評価基本通達や財産評価に関する個別通達**の定めるところに従って評価しなければならない。

　　申告した財産の評価に誤りがないかどうかは、当然に調査官はチェックする。

　小規模宅地の特例など、相続税法は毎年のように特例そのものの改正が行われます。

　改正法が適用されるのはいつ発生した相続からなのか、いつ行われた贈与からなのかなど、十分注意しなければなりません。

6 財産の評価誤り

（1）財産評価の原則

　「財産」とは金銭に見積もることができる経済価値のあるすべてのものをいいます。

　相続や贈与により財産を取得した場合は、相続税等の税額の計算のもととなるその財産の評価額を決めなければなりません。その評価額を決めるために、「財産評価通達」

[184]

というものが定められています。

　この財産評価通達では土地や家屋（それぞれの上に存する権利を含む）、構築物、果樹等及び立竹木、動産、無体財産権、その他の財産の区分ごとに、詳細に評価方法が定められています。

　各財産評価についての詳細はそれぞれの項目を参照していただくとして、まずは、全体的な評価の原則を見ていく必要があります。評価の原則は第1章総則に定められています。

　その原則とは、「財産の価額は、時価によるものとし、時価とは課税時期において、それぞれの財産の現況に応じ、不特定多数の当事者間で自由な取引が行われる場合に通常成立すると認められる価額をいい、その価額は、この通達の定めによって評価した価額による」というものです。

　ここで課税時期とは、「相続等により財産を取得した日若しくは相続税法の規定により相続等により取得したとみなされた財産の取得の日」をいいます。

(2) 財産評価通達の誤適用（租税回避行為）

　ところで、財産評価通達により評価された財産の価額は、実際に市場で成立するいわゆる時価と比較すると、相続や贈与により財産を取得するということがらの性格上、低めに評価額が付される傾向があります。

　つまり、実際の時価と財産評価通達により算出される時価とは乖離があり、その乖離をついた租税回避行為が行われる場合があります。

(3) 包括否認規定「総則六項」

　一方、財産評価通達には、「総則六項」と呼ばれる、包括否認規定ともいうべき定めが置かれています。

　その内容は「この通達の定めによって評価することが著しく不適当と認められる財産の価額は、国税庁長官の指示を受けて評価する」というものです。

　納税者の方が相続等により財産を取得した場合、この財産評価通達に基づいて取得した財産の価額を評価し、税額を算出して納税するわけですが、ある財産の財産評価通達における評価額とその財産の実勢価額、つまり時価との乖離を利用するために、一般的な経済取引として行われないような取引形態をとるなどして申告した場合、例

えば相続した非上場株を資産管理会社に移管して、評価額を大幅に下げるなどの例も
ありましたが、国税庁長官はそのような取引や評価方法を租税回避行為であり、著し
く不適当であると認め、自らの指示に基づいて評価をし直し、改めて申告のやり直し
を求めることとなります。

　これらのことは実務上、所轄の税務署又は国税局の税務調査を通じて行われます。

(4) 税制改正による評価方法の変更

　最近は資産税に関して頻繁に改正が行われます。

　この改正の内容と適用時期を誤らないように注意しなければなりません。

　平成30年度の税制改正の主な項目と適用時期（相続・贈与の開始）は下記のとおり

	《項目》	《適用時期》
1	地積規模の大きな宅地の評価の新設	平成30年1月から
2	非上場株式等に係る贈与税・相続税の納税猶予の特例制度の創設	平成30年1月から
3	小規模宅地等の特例の見直し	平成30年4月から
4	一般社団法人等に関する相続税・贈与税の見直し	平成30年4月から

［第3節］ 税務調査の終了手続き

　納税者に対する質問検査等、一連の実地調査手続きの終了後、「調査終了の際の手続き」に移行します。

　申告内容に誤りがない場合と、申告内容に誤りがある場合に分けて説明します。

1　申告内容に誤りがない場合

図10）税務調査の終了手続き①

税務調査が終了すると、調査結果に基づき、納税者等に調査結果の内容が説明される。

　1　申告内容に誤りがない場合
　　　その旨が、書面で通知される。

　2　申告内容に誤りがある場合
　　イ　誤りの内容、金額、理由など、調査結果の内容を説明
　　ロ　納付すべき相続税額及び加算税など、納付すべき税額の説明
　　ハ　修正申告書や期限後申告書の提出の勧奨
　　　　勧奨の際、「修正申告書を提出した場合には、不服申立ができない」
　　　　ことの説明

　調査官は、相続税の税務調査を実施し、その結果更正決定等をすべきと認められないと判断した場合は、質問検査等の相手方となった相続人納税者に対して、更正決定等をすべきと認められない旨の通知を書面により行います。

2　申告内容に誤りがある場合

　調査の結果、更正決定等をすべきと認められる非違事項がある場合にはその非違の内容、すなわち税目、課税期間、更正決定等をすべきと認める金額、その理由等につ

第4章　相続税の税務調査　　　[187]

いて、調査官は原則として口頭により説明します。

(1) 修正申告等の勧奨

　更正決定等をすべきと認められる非違の内容を説明した場合には、原則として修正申告又は期限後申告を勧奨します。

　修正申告書又は期限後申告書を提出した場合には不服申し立てはできないが、更正の請求をすることはできる旨を確実に説明し、その旨を記載した書面（教示文）を交付します。

(2) 修正申告等の勧奨に応じない場合

　納税者が修正申告等の勧奨に応じない場合は更正又は決定の処分を行うこととなります。このとき、処分の理由の提示（理由附記）を行うに当たっては、処分の適正性を担保するとともに処分の理由を納税者に知らせて不服申し立ての便宜を図るためという理由附記の趣旨が確保されるよう、適切に行うこととされています。

3　行政指導による修正申告

図11）税務調査の終了手続き②

3　修正申告等の勧奨に応じない場合

　調査結果の内容に基づき、税務署長は、更正又は決定を行う。

　更正又は決定の通知書には、その処分の理由が附記される。

（参考）行政指導

○ 申告書の自主的な見直し等の要請

　提出された申告書に**単純な計算誤り、記載漏れ及び法令の適用誤り**等があると思われた場合、税務署は、納税者に自発的な見直しを求め、**自主的な修正申告書の提出を要請する。**

　行政指導に基づき、納税者が自主的に修正申告書を提出した場合は、**原則として、過少申告加算税は課されない。**

税務署に申告書が提出されると、担当の部門がその申告書の内容をチェックし、単純な誤り等について、納税者の自発的な見直しを求めます。

　納税者がその指摘に応じて修正申告書を提出した場合は原則として過少申告加算税は課されません。

[第4節] **「質問応答記録書」について**

1　質問応答記録書とは何か

図12）質問応答記録書の様式

質 問 応 答 記 録 書

回答者　住所　　　○○県○○市○○町1−2−3
　　　　氏名　　　乙野　草子
　　　　生年月日、年齢　　　昭和37年8月30日生まれ、56歳
本職は、平成○年○月○日、○○県○○市○○町1−2−3の乙野草子宅
において、上記の回答者から、任意に次のとおりの回答を得た。

質 問 応 答 の 要 旨

問1　　あなたの住所、氏名、生年月日、年齢及び職業を聞かせてください。
答1　　○○県○○市○○町1−2−3に住む乙野草子、昭和37年8月30日
　　　　生まれ、56歳です。私は高校卒業後、建設会社の事務員を経て、25
　　　　歳で主人と結婚し、以後、専業主婦をしています。
問2　　以下省略
答2

問12　　以上で質問を終わりますが、今まであなたが述べた中で、何か訂正す
　　　　ることはありますか。
答12　　ありません。

（回答者）乙野　草子　㊞

　　　　以上のとおり、質問応答の要旨を記録して、回答者に読み上げ、かつ、
　　　　提示したところ、回答者は誤りのないことを確認し、署名押印した上、
　　　　各頁に確認印を押印した。

平成○年○月○日

（質問者）●●税務署　財務事務官　国税一郎　㊞
（回答者）●●税務署　財務事務官　税務次郎　㊞

平成23年11月に旧民主党政権下で、改正国税通則法が成立し、平成25年1月から施行されました。

この新たな国税通則法は納税者の権利を擁護するという観点から制定されたものであり、実地調査の手続きに関する現行の運用上の取り扱いを法令上明確化するという考え方の下で定められた、というものです。

その内容は、調査の事前通知の手続きから始まり、関係書類の提示や提出義務、調査終了時の説明など、上述のとおりです。

これに合わせて国税庁は、「質問応答記録書」という行政文書を定め、平成25年6月に「質問応答記録書の手引き」を表しました（情報公開制度により入手）。

この「手引き」の＜はしがき＞によると「質問応答記録書は、調査担当者が納税義務者等に対し質問し、その回答のうち、課税要件の充足性を確認するうえで重要と認められる事項について、その事実関係の正確性を期するため、その要旨を調査担当者と納税義務者等の質問応答形式等で作成する行政文書である」と記載され、さらに、「この質問応答記録書は、課税処分のみならず、これに関わる不服申し立て等においても証拠資料として用いられる場合がある」とし、「納税義務者等に署名押印を求めるに当たっては、強要していると受け止められることがないよう留意する」と続きます。

さらに本文中の＜質問応答記録書記載に当たっての基本的事項＞では、「・証拠力の向上策」として、「その作成にあたっては、回答内容に信用性（実質的証拠力）があるのかを意識しながら作成する必要がある」とし、次のように続いています。

「実質的証拠力が認められるためには、次のことに留意する。

イ　事実が具体的に記載されているか

ロ　マスキングされているため内容不明

ハ　客観的証拠と整合性は取れているか

ニ　マスキングされているため内容不明

以上、ホからトまでの記載は省略します」

質問応答記録書に、課税関係に関する事実が具体的に記載されており、応答の内容が客観的証拠と整合性が取れていることを調査担当者が確認しながら作成するのであれば、この内容を質問応答記録書という行政文書として作成することについて、特段の問題はないと考えられます。

さらに「・記載（表現）方法」として、「誘導尋問（質問内容に質問者が期待する答え

が実質的に示されており、回答者が単に「はい」「いいえ」と迎合的に答えるような尋問）は行わない」とも記載されており」、この点でも特段の問題はないと考えられます。

　問題は実地調査の場での調査官の運用の仕方です。

2　質問応答記録書の現場の運用

　税務調査での質問応答記録書の使い方に疑問点が認められます。

　調査官が質問応答記録書を作成するにあたり、その趣旨に沿って、「調査担当者が納税義務者等に対し質問し、その回答のうち、課税要件の充足性を確認するうえで重要と認められる事項について、その事実関係の正確性を期するため、その要旨を調査担当者と納税義務者等の質問応答形式等で作成する」というものであれば何もいうことはありませんが、実際の運用の仕方は必ずしもそうなっていない場合が認められます。

　法人の会計処理に何らかの問題点があり、課税関係が発生しそうで、なおかつその問題点が重加算税賦課の対象となりそうなときに、質問応答記録書を作成しようとする傾向が見受けられます。

　調査官がその質問応答記録書に、正確な事実関係を記載し、その課税要件事実が重加算税賦課の要件に該当することが明示されていれば、納税者も理解し納得して、修正申告書を提出し納税に至るのですが、調査官によっては必ずしもそうなっていない場合が見受けられます。

　具体的な事例についてはここでは省略致します。

3　質問応答記録書の疑問点

　「質問応答記録書作成の手引き」の＜〇FAQ＞の「問1質問応答記録書は、どのような場合に作成するのか」の（答）に「納税義務者等の回答内容そのものが課税要件の充足のための直接証拠となる事案や、直接証拠の収集が困難であるため、納税義務者の回答内容を立証の柱として更正決定等をすべきと判断する事案もある。課税処分のみならずこれに関わる不服申し立て等においても証拠資料として用いるために、質問応答記録書を活用して行く必要がある」と記載されています。

　この記述を根拠として、調査官は、税務調査のときに、ある経理処理に関して、どうもおかしいと感じた場合、直接的な証拠はないが自らが想定した問題点に沿うような質問を行い、誘導尋問的にあたかも実際に問題があるかのような回答を導き、その

質問応答記録書を証拠として課税するということがあるといわれています。

　さらに、この問1の（注1）には「証拠書類等の客観的な証拠により課税要件の充足性を確認できる事案については、原則として、質問応答記録書の作成は要しないことに留意する」と記載されていることから、直接的な証拠のないときにそれに代わる証拠として質問応答記録書を作成し、それを課税の根拠とするということが行われがちです。

　本来、この問1の回答「納税義務者等の回答内容そのものが課税要件の充足のための直接証拠となる事案や、直接証拠の収集が困難であるため、納税義務者の回答内容を立証の柱として更正決定等をすべきと判断する事案もある」の趣旨は、飲食店等の現金商売業種の税務調査で売上伝票と売上帳を照合したところ、売上帳に計上されていない売上伝票があり、調査日直近の売上げを除外して売上帳を作成しているという事実を把握したときに、調査官は代表者に過去の売上伝票を提出するよう要請しますが、代表者が売上伝票はすでに破棄したが過去においても同様の売り上げ除外を行っていたと申し述べた場合に、納税義務者等の回答内容そのものが課税要件の充足のための直接証拠となり、過去の売上伝票はすでに破棄されているので「直接証拠の収集が困難であるため、納税義務者の回答内容を立証の柱として更正決定等をすべきと判断する事案もある」ことから、「質問応答記録書」を作成することとされたのです。

　しかしながら、本来の趣旨を逸脱した「質問応答記録書」の作成が現場の調査担当者によってなされるケースが見受けられることは残念なことです。

第4章　相続税の税務調査　　　［193］

[第5節] **調査報告書について**

図13) 調査報告書の様式

確認	署長	副署長	特官·統括官等	担当者
・ ・				

調 査 報 告 書

○○税務署　法人課税部門○部門　統括国税調査官殿

平成○年○月○日

○○税務署法人課税○部門

財務事務官　　○○　○○

【報告事項】

下記のとおり、質問応答記録書を作成したので報告します。

記

A土木株式会社に対する外注費について、平成○年○月○日に、B建設株式会社取締役工事部長を回答者とする質問応答記録書を作成した。

以下余白

前述の平成25年6月の「質問応答記録書作成の手引」によれば、質問応答記録書を作成した調査官は、質問応答記録書とは別に「調査報告書」というものを作成することとされており、この調査報告書は、質問応答記録書を作成した旨を統括官等に復命し、その確認を受けるために作成する行政文書であると記載されています。

　ところが一方、「手引」には「調査報告書は、調査担当者が納税義務者等に対し質問し、その回答のうち、課税要件の充足性を確認するうえで重要と認められる事項について、その事実関係の正確性を期するため、その要旨を記録し、統括官等（必要に応じて、税務署長又は副署長）に報告するために作成する行政文書である」と記載されています。

　上記の趣旨は質問応答記録書で十分果たされるはずで、新たに「調査報告書」を作成する意味はないことになると考えられますが、実は「調査報告書」にはもう一つの役割があります。

　「手引」によると、「調査報告書」の役割とは、「質問応答記録書を作成することが基本」としたうえで、「ただし、納税義務者から調査の協力が得られない等の理由で質問応答記録書の作成が困難な場合には、調査報告書に納税義務者から聴取した事項を記録することでこの補完をすることが必要となる」と記載されているのです。

　課税の根拠とする質問応答記録書が作成できない場合、この調査報告書を作成することにより、課税の根拠とされてしまう危惧を拭うことはできません。

　課税は客観的な証拠と法令によって行われるべきであり、課税しようという恣意性が入り込む余地のある質問応答記録書や調査報告書によって行われるべきではないと考えます。

[編著者プロフィール]

辻・本郷 税理士法人 審理室

2002年4月設立、東京新宿に本部を置き、日本国内に60以上の拠点、海外に8拠点、スタッフ総勢1600名、顧問先12000社の国内最大規模を誇る税理士法人に設置された税務のプロフェッショナル集団。

各専門分野のスペシャリストである国税出身OB税理士が正確かつスピーディーに、毎年5000件もの税務相談に対応している。

辻・本郷 税理士法人

〒160-0022

東京都新宿区新宿4丁目1番6号　JR新宿ミライナタワー28階

電話　03-5323-3301（代）　FAX　03-5323-3302

URL　http://www.ht-tax.or.jp/

[執筆者略歴]

安積 健　審理室長

平成2年早稲田大学政治経済学部卒業。平成8年本郷会計事務所（現　辻・本郷 税理士法人）入所。平成15年税理士登録。現在は部長として、税務署に提出する法人税の申告書等の審査に従事しているとともに、セミナーの講師や原稿の執筆等も行っている。

八重樫 巧

早稲田大学政治経済学部卒業。東京国税局で、資料調査課、調査部、査察部で法人税調査に従事した。管内の税務署では、特別調査情報官として局間連携事案の企画・調査、国際調査情報官として海外事案調査に従事した。平成19年税理士登録、現在は会長室に所属し、辻・本郷 グループの審理事務に従事している。

[執筆協力]

片 ユカ　ダイレクトアシスト・税理士

平野晃宏　ダイレクトアシスト・税理士

辻・本郷審理室 ダイレクトアシスト　ゼミナール vol.1

事業承継納税猶予・消費税納税義務の特例・相続税の税務調査

2019年1月23日　初版第1刷発行

編著　　　　　辻・本郷 税理士法人 審理室

発行者　　　　鏡渕　敬

発行所　　　　株式会社 東峰書房

　　　　　　　〒150-0002　東京都渋谷区渋谷3-15-2

電話　　　　　03-3261-3136　FAX　03-6682-5979

　　　　　　　http://tohoshobo.info/

装幀・デザイン　小谷中一愛

印刷・製本　　株式会社 シナノパブリッシングプレス

©Hongo Tsuji Tax & Consulting 2019

ISBN978-4-88592-194-0　C0034

Printed in Japan